西岡健一・南知惠子 [著]

「製造業のサービス化」戦略

中央経済社

目　次

序　章　製造業のサービス化とは何か

1 はじめに　5

2 なぜ製造業のサービス化が重要性を持つのか　7

3 本書の構成　12

第1章　製造業のサービス化議論の前提

1 製造業におけるサービス戦略　15

2 インダストリアル・サービスと顧客価値　18

3 製造業におけるサービス化の困難な点　24

第2章　製造業のサービス化議論

1 製品をドミナントとしたサービス　29

2 新たなサービスへの着目　32

3 パフォーマンスベース・サービスとPSS　38

4 製造業におけるソリューション・ビジネス　47

第3章　製造業のサービス化の実態と戦略

1 製造業のサービス化の実態調査　59

2 製造業のサービタイゼーションへの誘因　61

3 製造業のサービス化の業績への影響　70

4 2012 年実施調査との比較　74

第4章　製造業のサービス化と情報通信サービス

1 製造業におけるサービス化と ICT　87

2 ICT イネーブラー議論　88

3 ICT の進展による新たな技術ステージ　91

4 新たな ICT の進展とビジネスへの影響　95

第5章　新世代ICTと製造業のサービス化

1 製造業のパラダイム転換　111

2 製造業のサービス化と技術　117

3 ICT の進展と製造業の競争優位源泉　121

4 製造業への応用と AI の問題点　125

5 AI の活用による製造現場の革新　129

第6章　製造業のサービス化移行モデルと促進要因

1 ICT とビジネスの成長要因　137

2 製造業のサービス化促進要因としての技術　143

3 ICT と製造業のサービス化促進要因　149

4 製造業のサービス化移行モデル　158

第7章 新たなビジネス構造と製造業の挑戦

1 ICT による新たなビジネス構造　165

2 製造業のビジネスモデルの選択　173

終章 製造業のサービス化への挑戦

1 ソリューション戦略の進展　181

2 製造業のサービス化への道程（実践的示唆）　184

3 製造業のサービス化への課題　190

4 技術と社会との関わり　194

あとがき　197

索　引　202

序 章

製造業のサービス化とは何か

1 はじめに

■ 技術を製品にのみ閉じ込める時代は終わった

本書は，製造業における「ビジネスのサービス化戦略」をテーマとするものである。製造業は元来自社の持つさまざまな技術を用い，原材料を加工して製品の形状にし，顧客に提供する存在であるが，それが製品という完結した形にとどまらず，提供物の中にサービスが組み込まれる時代になってきている。これは，製品導入後のアフターサービスを旧来型のビジネスシステムの中で強化しようとする動きとは異なるものである。

製造業のビジネスシステムの変化はまだ諸についたばかりであり，次の段階としてビジネスシステムをサービス化へと進化させる中で，組織の中で何が整備されていなければならないのか，また市場のターゲット化や顧客へのアプローチをどう変えていかなければならないのかという問題が立ちあがってくる。本書はなかでもBtoB取引間における製造業のサービス化に焦点を当て，製造業がそのビジネスをサービス化により進化させる際の要件と，市場アプローチについて明らかにすることを目的としている。

5

■製造業におけるパラダイム転換

　製造業は，成熟市場と新興市場における多様な価値訴求と，グローバル環境下での最適なものづくりという課題に直面してきた。次の段階は，第4次産業革命と呼ばれる，製造業の高度化である。情報通信技術（Information and Communication Technology，以下ICT）は，これまで工場の自動化など，製造業の生産性向上を推進してきたが，さらに，生産プロセスに情報工学を統合し，フレキシブルな生産の仕組みの構築が目指されている。

　製造業を主力とするドイツの国家戦略として打ち出された「インダストリー4.0（industrie 4.0)」は，企業の垣根を越え，設備，機器を相互に通信可能とすることにより，デジタル・ネットワーク化を実現し，これにより生産と供給体制を統合化し，より生産効率性を上げる仕組みを作ろうとしている[1]。「インダストリー4.0」が注目されるのは，共通した通信規格のもとに中小企業を連携させようとすること，効率的な生産体制を作ることによる，省エネルギー化などさまざまな点があるが，それが何よりもデジタル化の導入による生産工程自体の進化ということであり，従来の大量生産体制から多品種少量の生産体制，そしてよりフレキシブルな生産体制へと高度化することにある。

　モノの製造自体は，設計・開発に基づき，素材生成や部品，製造機械の製造，拠点内の部品移動・運搬や，組み立て・加工等，生産工程におけるさまざまな部門間のオペレーションの連携において成り立っている。この連携を制御する仕組みにICTを適用し，新しいものづくりを行いつつあることが注目されるのである。

　生産体制が供給体制とシームレスに繋がることが起こってくるということは，製造企業がそれぞれ固有の技術を製品の形状で売り切るビジネスのみならず，供給体制の中で，製品とサービスとを区別せず，顧客に提供するということが行われるようになる。

■製造業のサービス化とは

　ここで製造業のサービス化とは何を指すのかを説明することにする。モノの

序　章　製造業のサービス化とは何か

生産工程の中に，需要する側のデータを取り入れることが可能になり，それが
モノを製造するという製品の完成により完結するのではなく，顧客への供給体
制へと関わることは，製造業自体が，供給サービスを組み込んでビジネスをす
ることになる。これが製造業のサービス化である。

　例えば，航空機エンジンを製造するGEは，顧客企業に納めたエンジンの稼
働を自社がデータ収集することにより，製品のパフォーマンスの向上や使用年
数を延ばすために，コンサルティングを行っている[2]。製品開発時に修理・メ
ンテナンスを想定した製品設計や，制御メカニズムをソフトウェア上に組み込
むことは，製品を製造することと，修理・メンテナンス等の製品に必要なサー
ビス自体が製造業者のビジネスのシステムの中に入ってくるということになる。

　生産設備・機器どうしをセンサーと通信技術で連携させることで生産効率を
向上させることにとどまらず，顧客企業に導入した機械・機器等の製造物をソ
フトウェアやネットワーク上で制御すること自体が，修理等の付帯サービスの
みならず，製品パフォーマンスに関するコンサルティングというサービスを生
み出す。つまり製造業は製造に関して保有する技術とともに，製品のパフォー
マンスを向上させる技術をサービスとして商材化していくことになる。

2 なぜ製造業のサービス化が重要性を持つのか

■IoT時代を迎えた製造業

　製造業のサービス化が進行する背景について，技術革新，グローバリゼー
ション，リソース革命という3つの観点から見ることができよう。

　1つ目の技術革新に関しては，すでに述べてきたが，「インダストリー4.0」，
さらに製造業者GEや，インテル，IBMら，IT企業が中心となって米国で立ち
あげた「インダストリアル・インターネット・コンソーシアム」（ICC）らの
動きに表されるように，製造業に通信技術やセンシング技術を導入するIoT
（Internet of Things）の考え方が台頭してきており，企業間の連携促進や産業
界への実装化という点で，世界的に大きな影響を与えている。

7

生産設備・機器にセンサーを埋め込み，通信機能を持たせることは，生産設備・機器のモニタリングが可能となり，設備・機器の導入企業にとっては生産性の向上につながり，供給側企業にとっては自社製品の制御や診断を遠隔においても実施可能になる。さらに通信技術を利用することは，製造業自体がデジタル化することになり，IT企業にとって製造業というインダストリー自体をネットワーク化し，ビジネスの拡張を行い，ビジネスの覇権を有する機会を得ることになる。

このような状況の中で，日本においては産官学連携のさまざまな動きがあるが，個々の製造企業にとっては，技術革新を製品生産と提供において導入しようとする中で，サービス化が起こってくることになる。本書では，この技術革新を製造業のサービス化を促進するドライバーとして捉え，次章以下，論じていくことにする。

■ 高付加価値型製品開発・製造への転換

現在の日本のGDPに占める製造業の割合は約2割を占め，他の先進国同様，広義のサービスである第3次産業の占める割合が多い[3]。経済の成長に伴い，経済先進国では発展途上国への生産拠点の移転を進めることにより，製造業の国内の経済活動に占める比率が相対的に下がること，第3次産業の比率が上がること，すなわち経済のサービス化現象が進行することは従前より知られている。国内で生産し，輸出を拡大することから，グローバルでの最適生産地に生産活動をシフトしていく中で，いかに国内での雇用を維持しつつ，高付加価値の製品を開発し，生産していくかについては近年関心を集めてきた。

問題は，先進国の製造業のあり方が，ターゲットとする国内外の市場において需要される高付加価値型の製品を作り出しているかという点と，高収益を生み出すビジネスシステムになっているかという点にある。

前者の問題は，とりわけエレクトロニクス産業において，製品のコモディティ化とオーバーシュート問題としてよく議論されるところである。製品の設計・開発・製造において，製品の基盤と部品とのインターフェースが標準化さ

8

れ，部品やコンポーネントがモジュール化され，モジュールどうしの組み立てにより製品が製造されることは，製品のコモディティ化を招くこととなった。高度な技術を要せず，低賃金の国で生産され，技術的な差別化を訴求しにくい組み立て製品が席巻することになった一方，日本の製造業における，高度な設計・生産技術に基づく製品は，市場で需要される水準を超えており，オーバーシュートしているという議論がある。

コモディティ化とオーバーシュート問題に関しては，マーケティング研究の立場から，消費者側の評価能力とターゲット市場の間隙[4]や，技術者の志向する属性と消費者側の多様な嗜好によるギャップ，日本企業の組織構造がそのギャップを助長しているとの議論がある[5]。

後者の収益問題については，マーケティングによる収益モデルの転換が主張されるとともに[6]，そもそも製造業がその活動から十分な価値を獲得していないという議論がある。延岡（2011）は，製造業のうち，とりわけエレクトロニクス業界が製造によって付加価値を生み出せなくなっている現状を，「価値づくり」がうまくいっていないとし，価値づくりの条件として，ものづくりを競合企業に対する独自性・差別化に結び付け，その独自性に対して顧客が対価を支払うという両者が成立しなければならないことを主張している[7]。顧客が独自性を認めていなければ過剰スペック（オーバーシュート）となり，独自性が低ければ過当競争に陥る。

日本の製造業のあり方を表すのに，「ものづくり」という表現をすることが多い。「ものづくり」とは，設計や製造における技術的な高さのみならず，アウトプットとしての製造物を常に向上しようとする生産システムの改善も含む。つまり，より高水準のものと生み出す仕組に注力する，精神性と技術的水準の高さとに特徴づけられる。

「ものづくり」志向は，完成品としての製品の向上をもたらす一方で，製造企業側の自己完結的な行動に陥る可能性も含む。消費者市場の場合は，製品属性の水準が高度化しても需要側に知覚されない差別化となり，BtoB市場の場合は，短期的に目の前の顧客の評価に適合的な行為をし続け，結果として潜在

的により大きな市場での機会を失うという懸念が生じる。

　マーケティング発想では，企業が製造を通じて生み出し，顧客に提供するものは，顧客にとって価値となり得るものという捉え方をする。つまり，経済活動において生み出されるアウトプットを，ハードウェアとしての製品と捉えるのではなく，製品が体現する「価値」として捉え直すことである。経済活動の中で，企業が顧客とともに価値を創り出すシステムは，広義の意味で，「サービス」として捉えられる。企業や消費者は，モノを購入しているというより，最終的に生み出されたもの，アウトプットを価値として受け取っている。このアウトプットが従来は製品すなわちハードウェアとして見えていたものが，昨今では，企業の「提供物全体」であり，受け手にとっては価値あるものとして捉えられるようになってきている。つまり製造企業は，完成品として製品のスペックの向上のみに注視するのではなく，そのスペックが顧客側の生産活動や生活の中でどのような価値を生み出すのかに注目する必要がある。

　経済活動のアウトプットをサービスと捉えると，製造企業にとっては，サービスというものを捉え直し，戦略として再考する必要が出てくる。製造業のサービス化を「サービタイゼーション」（servitization）として最初に概念化したVendermerwe and Rada（1988）は，サービタイゼーションを製品とサービスとの統合によるマーケティング・パッケージとして捉えている[8]。

■ リソース革命によるサービス化

　製造業のサービス化に注目する潮流として，サービタイゼーションと並び，「プロダクト・サービス・システム」（Product Service System，以下PSS）と呼ばれる考え方がある。これは，製造業が製品とサービスとを統合して提供する仕組みであるが，前述のサービタイゼーションが顧客サポート的なマーケティング・パッケージとして当初提唱されたのとは異なり，製造企業が生み出すものが環境にかける負荷を削減することを目的として発展してきた概念である。

　製造業は，資源を加工し，製品化するプロセスにおいて環境に対して負荷を

かけることになる。例えばゼロックスは、コピー機製造企業としてのビジネスシステムにおいて、社内の文書を印刷物として大量に生み出すという考え方を脱し、電子データを含めた文書管理という考え方を打ち出し、機械の製造企業ではなく、ドキュメント・マネジメントのサービス企業へと転換した。これはPSSの一例である。環境への負荷をいかに低減するかという点で、製造業がハードウェアとしての製品製造のみに注力せず、製品が生み出す価値をいかにサービスに転換していくかというアプローチを意味する。

さらに、資源利用という観点では、資源利用の転換期にきている現在こそ、IoTが重要性を持ち、サービス需要が生まれるという主張もある。シェアリング・エコノミーもその考え方・実践の1つといえる。自動車を個々人が所有し、保有するものと想定すると、燃費や排ガスなど、環境への負荷削減を課題として、技術的に対応していくことになる。一方で、カーシェアリングというサービスが、ICTを使ったタクシー配車システムにより生まれている。自動車というモノを持たず、必要なときに自動車による輸送機能をサービスとして利用する消費者と、自分自身の時間を提供するドライバーとのマッチングにより、モノの総量がシェアリングにより減るのであれば、サービス化による環境負荷という考え方に合致する。

世界規模でいえば、新興国で25億人の新たな中流層人口が生まれることにより、資源利用のあり方や生産効率の考え方を抜本的に変えることが必要となり、工業技術と情報技術との融合が新たなビジネスチャンスを作るという提唱がある[9]。

例えば、電力を社会に供給するシステムは、旧態依然としているが、省資源化の動きの中で、IoT導入により効率化が劇的に向上する領域であるという。現在の電力システムは、少数の大規模な発電所が電力需要のバランスをとっているが、年間の数少ないピーク時への対応のために発電所が維持され、送配電能力や発電能力の一部しか通常は利用されていないという非効率性がある。しかしこれが、工場による自家発電や、電気自動車による蓄電、スマート家電も利用し、機械どうしが通信可能なIoTが整備されれば、地域内の電力需要にお

ける余剰や不足がネットワークの中で全体として需給調整され，さらにセンサーにより異常が察知され，最適な効率が実現されるという。

つまり，設備や装置といったモノがICTに繋がっていくことは，部分部分をシステムとして成り立つように統合していくことになり，生産や供給の仕組みを変えることはサービスを含め，新しいビジネスチャンスを開くことになる。

3 本書の構成

製造業のビジネスにおけるサービス化を論じるために，本書は次のような構成をとる。第1章では製造業のサービス化の議論の前提として，製造業のサービス化とイノベーション，マーケティングとオペレーションズ・マネジメントの観点からみたインダストリアル・サービスの整理，製造業のサービス化の阻害要因について触れる。第2章では，製造業のサービス化における，さまざまな類型について整理し，特徴を論じる。製品主体のサービスか，あるいはサービス主体のサービスか，製品サポートサービスか顧客サポートサービスかにより，サービス化の考え方や実践は異なる。サービタイゼーションやPSS，CoPSと呼ばれる製造とサービスとの統合パターンについて着目する。

第3章では，とりわけサービタイゼーションに注目し，日本の製造企業への実態調査から収集したデータをもとに，サービタイゼーションへの誘因と，業績への影響について実証研究を行った結果を報告する。

第4章では，製造業のサービス化において中核となるICTについて論じる。ICTは，それ自体が経営資源というより，他の資源を活性化する資源だという考え方がされてきた。つまり，ICTを企業内に導入後，すぐ生産効率が上がるとは考えにくく，むしろICTが企業の資源をどう活性化するかに注目する必要がある。そこでICTをイネーブラー（活性化するもの）として捉える立場を取り，その役割について技術的変遷とともに論じる。

第5章では，AI，IoTといった新世代の技術が製造業の生産技術や生産プロセスにどう関わるかについて，論じることにする。また第6章では，それまで

序　章　製造業のサービス化とは何か

の章を踏まえて，製造業におけるビジネスのサービス化を行っている企業事例を複数取り上げ，理論的な観点から分析を行う。そして第7章では，新世代ICTの進展が製造業とICT業界のビジネスの垣根をなくし，一体化した新たなビジネス構造を形成することについて論じる。最終章にて，製造業におけるビジネスのサービス化について，実証分析，事例分析からの発見物をあらためて振り返り，製造業のサービス化戦略に向けての課題と，ステップについての提言を行い，本書を結ぶことにする。

注

1　本書のインダストリー4.0に関しての記述は，以下のサイトにあるIndustrie 4.0 Platform内の情報に基づいている。
　　http://www.plattform-i40.de/I40/Navigation/DE/Home/home.html
2　熊谷昭彦（2016）『GE変化の経営』ダイヤモンド社，pp.66-68。
3　内閣府国民経済計算，2015年データによる。
4　池尾恭一（2010）「過剰性能とマーケティング戦略」『マーケティングジャーナル』30（1），pp. 69-82。
5　高嶋克義（2013）「マーケティング戦略転換の組織的制約—脱コモディティ化戦略の実行可能性に基づいて—」日本商業学会『流通研究』16（1），pp. 61-76。
6　恩蔵直人（2007）『コモディティ化市場のマーケティング論』有斐閣。
7　延岡健太郎（2011）『価値づくり経営の論理』日本経済新聞社。
8　Vandermerwe, S. and J. Rada（1988）"Servitization of business: Adding value by adding services", *European Management Journal*, 6（4），pp. 314-324.
9　Heck, S. and M. Rogers（2014）*Resource Revolution: How to Capture the Biggest Business Opportunity in a Century*, New Harvest.（関美和訳（2015）『リソース・レボリューションの衝撃——100年に1度のビジネスチャンス』プレジデント社）

13

第1章

製造業のサービス化議論の前提

1 製造業におけるサービス化戦略

1.1 生産財におけるビジネスのサービス化

■ 製造業におけるイノベーションの方向性

　製造業は，自動車産業[1]，ハードディスク[2]，そして液晶[3]分野など，1つの産業の構造を変化させるような大きな技術革新をこれまでに経験してきた。近年では，3DプリンタやIoT（Internet of Things），人工知能（AI）といった工学分野及び情報工学分野の技術革新が製造業に与える影響が注目されている。3Dプリンタは，素材の積層技術の革新により，製造における設計・開発のアプローチに影響を与えつつあり，またIoTやAIは，生産技術に関わり，製造業自体を変革するものとして大きな関心を集めている。

　本書では，とりわけ情報通信技術（ICT）と生産技術との統合により，製造業にイノベーションが起こりつつある分野に注目することにする。これは具体的には，製造業がそのビジネスにおいてサービス化を促進するという現象に表れている。製造業のサービス化は，製造と供給ネットワークの中でビジネスを変革させようとする動きであり，1つの産業内での構造変化にとどまらず，む

15

しろ産業を跨いだ変革であることが特徴である。

■ 生産財におけるサービス化の進行

製造業は，素材を加工，組み立てることにより生産活動を行うものであり，食料品，飲料，繊維工業といった軽工業といわれる製品の製造から，化学工業，生産用機械や輸送用機器等を含む重工業といわれる製品製造に至るまで，多種多様の業種を含んでいる[4]。一般消費者が消費する製品を消費財と呼び，企業や組織が生産活動や業務遂行目的に使用される製品群を生産財として，区別することができる。さらに生産財においても，部品，原材料，設備・機械，業務用供給品（オフィスサプライ），サービスというように，製品の性質や取引形態により分類することが可能である[5]。

本書では，とりわけ生産財分野における，製造業のサービス化現象に注目する。製造にあたっては，調達，配送運搬，生産，組み立て・加工という一連の工程から成り，また工程間の連携が重要となるが，現在技術革新により，この工程間の連携部分，つまり生産技術と生産プロセスに革新が起きていると考えられる。そこで本書では，それぞれの工程に従事する企業，すなわち生産財の企業の活動に注目することにする。

■ 生産財市場と取引の特徴

消費財の開発においては，製造企業は市場情報を収集し，製品開発，企画という段階を経て，市場に製品を投入する。これに対し，生産財では，顧客を通じての市場情報の投入と，製品開発のプロセスが不可分のことが多い[6]。これは生産財では，顧客との継続的な関係に基づき，顧客の生産活動に利用される製品を開発，製造する場合が多く，顧客企業も部品や素材を納入してくれる企業の存在がなければ生産活動が成り立ち得ない。つまり供給企業と顧客企業との相互に依存する関係や，継続的な取引というものが存在していることが生産財業界の特徴となる。また，消費財の市場が匿名の潜在顧客が多く存在するのに対し，生産財では供給企業にとっても顧客企業にとっても，互いの技術や生

第1章　製造業のサービス化議論の前提

産能力を理解しており，言わば「顔が見える」関係であると言える。これらの点で生産財の市場は専門特化した，顧客や供給企業が限定された狭い市場とも言える。

　供給側の生産財企業は，顧客企業に対し，その生産活動を成り立たせるために顧客の要望に応じて製品のカスタマイズや微調整（チューニング）を行うことが頻繁に行われる。つまり製品自体を企画して顧客に販売するというよりむしろ，自社の技術を顧客の望む製品の形にして納入することになる。そこで製品導入に際しての，付帯的なサービスが必要となってくる。

1.2 生産財の特徴であるCoPS

■ CoPSとは

　製造業のビジネスシステムとして，規模の経済を追求する大量生産（マスプロダクション）システムがすぐに想起されるが，実際には，多くの生産財企業にとって，その活動はマスプロダクションシステムを前提としていない。むしろ個々の顧客に対応したその顧客のために製品・サービスを提供する企業が多い。

　マスプロダクションシステムに対して，Hobday[7]はCoPS（high cost, complex products and systems）というシステムを概念化している。このシステムは，顧客に対してカスタマイズされたさまざまなコンポーネントとそれを組み合わせるための種々の知識やスキルの集合体であると定義される。マスプロダクションシステムと異なりCoPSでは，1回限りのプロジェクトベースの営みが中心となり，企業が持つ特別な技術により，特定の顧客に対して新しい価値を提供するための諸活動を包括して提供することが目的となる[8]。

■ CoPSにおける製品とサービスの関係性

　CoPSでは，モノを「生産」することではなく，顧客ごとの要望に応じて専用の設計を行い，システムを開発することが活動の中心となる。つまり営業情報からの顧客要望のインプット，開発，生産，納品後のサービスまでを一体化

17

した活動とし，製品とシステム，そしてサービスを含めた包括的な価値を提供することが目的となる。このようにCoPSでは，モノの製造とサービスの提供が一体化されている。

　一方，マスプロダクションにおいては，自動車の生産と販売のように，モノとサービス提供は分離することができる。製造業のサービス化を目指した企業が最初に意図するのは，生産財企業においてはモノとサービスを分離することであり，それとは逆にモノとサービスの融合を消費財企業が志向するのはこの特徴による。

■製品，サービス，そして技術の関係と顧客価値の重要性

　製造業のサービス化は，本質的に技術ベースのイノベーションである。CoPSの特徴は個々の企業が持つ特有の技術への着目と，その生産活動がプロジェクトベースであることにある。その活動の結果として，顧客企業ごとにカスタマイズされた製品とサービスとがシステムとして提供されることになる。ここであらためて問題となるのは，製品とサービスの関係についてである。ビジネスのサービス化を志向した企業の多くは，サービスを製品から分離させて独立したビジネスユニットとし，サービス自体を強化しようとするが，このようなサービス化の形態をとった場合，製品と独立したサービス自体の価値が顧客に認められない限り，全く意味のない取り組みになる。そこで，次節以下では，製品に付帯したサービスにおける，顧客の価値認識について議論することにする。

2 インダストリアル・サービスと顧客価値

2.1 インダストリアル・サービス

　生産財取引におけるサービスはインダストリアル・サービスと呼ばれ，特に「専門化」と「技術」がその特徴となる。顧客企業・組織へのカスタマイゼー

ションが専門的に必要となることが多く，またそれが業界あるいはその提供企業の独自性となる。さらに生産財におけるニーズは複雑であることから，サービス提供には高度な技術が要請される。インダストリアル・サービスには，MRO（maintenance, repair, and operation：保守運営）型サービスと，製造サービスと呼ばれる製造過程の一部を構成するサービスとに分けることができる。このようにインダストリアル・サービスは，さまざまな考えに基づき，分類が可能である。本書では先行研究[9]をもとに，表1－1に示すように，「情報提供サービス」，「基本設置基盤（インストール）サービス」，「訪問修理サービス」，「メンテナンス・サービス」，「オペレーション・サービス」というサービスの分類を提示する。

インダストリアル・サービスは，基本的に製品をベースとしたサービスであり，多くの製造業において，サービスに対する認識は，このような分類が基底にあると考えられる。こうしたサービスをビジネス的に再編すること，例えばサービス部門を分離して独立採算に移行することで，ビジネスのサービス化を志向するのはごく妥当な方法に見える。しかし，問題はこのようなインダストリアル・サービスをビジネス的に強化することが，顧客企業においてどのように評価されるかにある。

2.2 インダストリアル・サービスへの顧客調査

■ 調査概要

筆者は，ある製造企業（以下A社）の協力を得て，こうしたインダストリアル・サービスと顧客価値の関係について調査を行った。調査はA社の顧客に対して営業担当者が直接アクセスして質問紙調査に回答協力を得ている。A社はいち早くサービスの重要性に気付いた企業の1つであり，ビジネスのサービス化について社長をはじめとして経営層はかなりの資源を費やし，真剣に取り組んでいる。A社ではサービス事業の拡大を目指し，納入した製品をネットワークに接続することで，保守サービスを進化させ，コールセンターと技術者派遣のためのサービス組織を整備してきている。A社は先に示したインダストリア

表1-1■インダストリアル・サービス

サービスの名称	サービスの構成要素	サービスの内容
情報提供サービス	情報提供の内容	顧客に対する製品情報や関連する学術情報，セミナーの案内などを提供。
	情報提供サービスレベル	情報提供のタイミング（定期的，あるいは必要ごとになど）や品質を設定。
	アドバイス	製品の使い方や保守の方法，さらには経営的な事柄について助言を行う。
	付属資料	製品カタログや業界動向，関連する学術分野の資料提供。
基本設置基盤サービス	設置	機器を設置するために必要な作業サービス。
	トレーニング	機器を設置し，利用できるようにするための導入訓練サービス。
	コールセンター	一元的に設置されたカスタマーサポートセンターへの相談／問い合わせ機能。
訪問修理サービス	調査	訪問修理時に行う原因調査（動作確認・聞き取りなど）。
	確認	訪問修理／点検後に行う動作／データ確認。
	修理	訪問修理。
メンテナンス・サービス	保守契約メンテナンス	技術担当者による点検（保守契約点検／有償点検）。
	契約サービスレベル	保守契約の内容や条件を設定。
	プロセス最適化	顧客の業務品質を向上させるための，機器の点検やソフトウェアバージョンアップ作業。
オペレーションサービス	スペアパーツ手配	修理時もしくは後日部品交換が必要になった場合の，迅速な部品交換。
	チーム連携	複数技術部門が連携したカスタマーサポートセンターの設置。
	トレーニングや人材開発の管理	日常保守や消耗品交換を行う顧客従業員へのトレーニングや人材育成。

ル・サービス分類と同様のサービスを顧客に提供しており，サービスの多くは，A社の主力製品と技術に関連したものである。

■ 顧客による知覚品質と価値

次頁図１－１に分析したモデルとその結果概要を示す。調査目的は，A社の提供している製品およびサービスに対して現有顧客がどのように評価しているかについて，顧客による価値評価が継続利用意向につながるかどうかを，顧客からの収集データをもとに検証することにあった。

「知覚価格」は，実際に製品・サービスを利用した際に感じている品質への評価および価格を質問することにより測定している。具体的には複数の質問により，製品やサービスの価格が適正かどうかを評価してもらっている。一方「知覚価値」は，受けたサービスの品質と価格とを対比して，利用者が感じる納得感，コストパフォーマンスについて，メリットを感じるかどうかという観点から複数の質問により測定している。サービス品質と価格に対する知覚が顧客価値に直接的に影響を与えるという想定ではなく，価格や，得られるメリットと顧客が支払うコスト，そして企業との関係性とが考慮されて，価値が認められれば，価格を適正に感じ，結果として再利用意向につながるという想定をしている。再利用意向を聞いているが，単に利用し続けたいだけではなく，関連サービスへの購買の拡大や，他社へ推奨する意図を質問している。

■ 製品・技術への評価

顧客データを用い，共分散構造分析により分析したところ，図１－１の実線の矢印部分に有意な相関関係が見られ，破線部分は有意とならなかった。本調査結果から，まず製品品質が顧客価値に影響していることが確認された。さらに顧客価値と知覚価格がそれぞれ独立に再利用意向に結びついているのではなく，顧客価値は，再利用意向にプラスの影響を与えているが，価格に対する評価は再利用意向に影響を与えていない。

製品力を磨くことで競争優位を確保しようとする，価格競争に陥らないA社

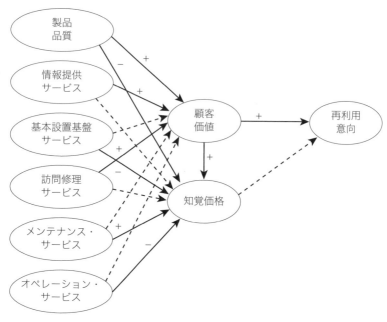

図1−1●A社におけるサービスと製品の顧客価値と再利用意向の関係

の戦略としては，製品品質が顧客にとって価値あるものと評価され，再利用意向につながっているという結果は想定通りのものであり，ある意味，A社の製品開発力とその事業分野における蓄積された信頼性を示しているとも言える。

■ サービスへの評価

　A社にとって製品の価値が認められていても，サービスを強化したいという戦略的意図からは本調査結果は手放しで喜べないところがある。A社のインダストリアル・サービスに関わる提供サービスのそれぞれの相対的な評価を見ると，製造業者の基本である機器導入に関わる機器設置関連のサービスは評価を受けている。しかし，製品とは直接的に関係のないサービス，顧客への専門的な情報提供等を行う「情報提供サービス」は評価されているものの，製品と関連の深いサービスについては，サービス単体での評価にはつながらない傾向に

ある。特にA社のサービス事業の強化策である，「訪問修理サービス」と「オペレーション・サービス」については，顧客側の価値認識は低く，価格に応じた価値を認められているとは言いがたい結果となった。

A社としては，コールセンターを通じて顧客先の機器の故障をできるだけ早いタイミングで情報収集し，テクニカルサポートが現場に駆け付けて対応するスピードアップにも注力している。しかしながら，顧客からしてみれば，機器が使えない時間は業務がストップすることになり，機器である限り避けがたいことであっても故障ということに対して不満を抱きがちである。しかも訪問修理サービスに関しては契約サービスとなっているため，製品が不具合を起こすことを想定して料金を支払う契約をせねばならず，実際に故障するという二重の被害を受ける気分になることが想像される。早く修理に来てくれて感謝するという評価にならないのが，サポートサービスにおけるビジネス展開の難しさである。

2.3 製造業のサービス化の新たな挑戦の必要性

この結果の意味することは重大である。A社はビジネスのサービス化について先端的に取り組み，マネジメント層の理解そして意欲も高いにもかかわらず，その成果が出ていないのである。つまりマネジメント層の意識変革とサービス組織の設立だけでは，次節に示すサービス・パラドックスの問題は解決できないことを示している。

つまり製品に付随したサービスに着目し，サービス内容を拡張し，さらに独立したビジネスユニットにすることでサービス組織へと形態を変化させても必ずしも顧客からは価値を認められるというわけではない。そこで製品とサービスとの関係を抜本的に見直して，その提供形態を根底から変えることが求められる。A社の事例はビジネスのサービス化を実現するための一つの段階であると言うことができ，サービス化を進めて失敗した事例ではない。ただこの段階にとどまる限り，ビジネスのサービス化は進展しないことが懸念される。

単にモノとサービスを分離して提供する，あるいは逆に両者を一体化しただ

23

けでは，製造業のサービス化を戦略的に行ったことにはならない。こうした活動は単にその企業固有のビジネスモデルを組み替えてリソース投入を配分しただけにとどまる。その企業の持つビジネスシステムの利点を生かすためには，製造業がビジネスのサービス化を進展させるための戦略が必要となってくる。その戦略を促進させるためにはどのような前提要因が重要となるか明らかにし，実行のステップを考える必要がある。

3 製造業におけるサービス化の困難な点

3.1 サービス・パラドックス問題

　製造業において，そのビジネスのサービス化を志向している企業は少なくないが，収益化している事例は少ない。むしろ，プロジェクトチームを編成し，草案をまとめ，現実的に実行しても成果の上がらないことが多い。このような現象がなぜ起こるのかについては，Gebauerら（2005）が提唱した概念，「サービス・パラドックス」の説明によることにする。

　ビジネスのサービス化を志向する製造業者は，そのための投資を重ね，企業組織を変えていく。このような努力により，当初その企業の売上や収益がほとんど製品から得たものであったのが，最終的には製品よりもサービスからのほうが多くなるというビジネス構造，すなわちサービスプロバイダーへの転換と収益向上が企業戦略上の最終目的となる。ところが，サービスに関連した投資を重ねているにもかかわらず，相変わらずその収益は製品に依存しており，サービスからは収益を見込めない状態に陥ることがある。つまり収益向上を目指してサービス化へと舵を取るが，サービス化ゆえにコストがかかり収益性を損なうことになる。これがサービス・パラドックスである。ここでは，①サービス部門からの売上が伸びず，サービス企業への投資拡大にもかかわらずそのリターンが得られない，そして②そもそもその事業のコストでさえ回収できない，という状況を指す（**図１－２**参照）。

24

第1章　製造業のサービス化議論の前提

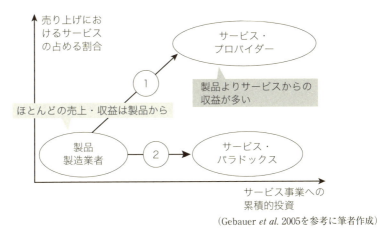

図1-2●サービス・パラドックス

3.2 サービス・パラドックスの原因

■ サービスへの認識とビジネスシステム

　サービス・パラドックスの起こる原因の基本的な前提として，ビジネス上のサービスの位置づけに対する認識が上げられる。サービスを製品差別化戦略の1つとして採用した場合，サービスはあくまでも製品の差別化要因として付随的なものとして認識されることになる。そのため中心となる売上や利益は，主力製品から生まれてくるものであり，顧客も製品の機能・性能，そして品質に満足しているという認識が強いままである。

　さらに企業組織内におけるサービス部門の位置づけである。従来，製品に付属したサービスをそのままビジネスとして分離，つまり製品とサービスからの売上と収益を別に管理し，ビジネスユニット化することは多く見られることである。これはサービスのアドオン化と呼ばれる方法であり，サービスを製品に付加することで，製品そしてサービスのトータルでの売上向上を見込むものである（次頁図1-3）。

　これらの手法は本質的に製品ベースのビジネス構造となんら変わっていない。

図1-3●サービスのアドオン化

逆にサービスのアドオン化をすることで,サービス提供を顧客対応的に増加させていくとコスト増の要因となり,全体としての収益の低下が起こることになる。

■ 経営者層におけるサービスへの認識

　製造業がサービスのビジネス化を行う場合の構造的な問題点について示したが,さらに経営者層のサービスについての考え方にも問題のある場合が多い。前述のGebauerらの研究[10]によると,以下のような理由で経営者層はサービス事業の拡大に積極的になれないとしている。

① 期待する報酬～サービスでどの程度高い成果を得られたか～

　製造業の多くは,自らの取引を製品ベースで考えてきたため,その成功体験から,その企業の競争優位は製品を通して実現できているという考えが強すぎる。すなわち新製品開発において,操作性に優れ,信頼性があり,顧客の要望を実現できるものを製造することで,競争優位や顧客価値が実現されると考えている。良いものを作り続ければ,おのずと顧客はついてくるという考え方が強い。

② 受け取る成果～サービス化の成果で高い収益を得られるか～

　生産財取引の場合,機械,設備等に関する商談が成功すると何億円以上の単位となる。また市場がグローバル化している消費財の場合も取引規模が大きい。例えば自動車製造の場合,世界規模で取引が行われることになると,最低でも

第1章　製造業のサービス化議論の前提

百億円規模の取引になるであろう。ところが，ビジネスのサービス化ということで，自動車製造企業がカーシェアリングシステムを作り，同じ規模の成果を得るのは容易ではない。

③　成果への期待確率～成果が高い確率で得られそうか～

ビジネスのサービス化に対して経営者が感じるリスクも看過できない。製造業において生産に投じる生産要素のみならず，人的資源についても，製品開発から製造，販売までモノを中心とした活動，仕組みに投じてきている。もしサービスを基盤とした経営へと変えていくのであれば，人的資源の再教育が必要となり，サービス提供の仕組みに対応する新たな人材育成が必要となってくる。経営者としては現状を考え，サービス化を行うリスクを当然感じることになる。

さらには外部企業との連携も重要性を増す。製品提供に際し，コンサルティング・サービスを付加した，ビジネスを進める際に，顧客企業とサービス契約を行い，導入した製品から生成するデータを顧客と共有し，自社がどのように顧客から対価を得て収益化できるか，そのシステム作りは容易な話ではない。

次章では，製造業のサービス化について，どのように概念化されてきたか，詳細に説明することにする。

注

1　Abernathy, W. (1978) *The Productivity Dilemma: Roadblock to Innovation in the Automobile Industry*, John Hopkins University Press.

2　Christensen, C. (1997) *The Innovator's Dilemma: When New Technologies Cause Great Firms to Fail*, Harvard Business Review Press.（玉田俊平太・伊豆原弓翻訳（2001）『イノベーションのジレンマ』翔泳社）

3　沼上幹（1999）『液晶ディスプレイの技術革新史―行為連鎖システムとしての技術』白桃書房。

4　総務省，産業分類中分類を参照のこと。

5　高嶋克義・南知惠子（2006）『生産財マーケティング』有斐閣。

6 高嶋・南（2006）前掲書。

7 Hobday, M. (1998) "Product complexity, innovation and industrial organization", *Research Policy*, 26 (6), pp. 689-710.

8 Alblas, A. and J. Wortmann (2014) "Function-technology platforms improve efficiency in high-tech equipment manufacturing: A case study in complex products and systems (CoPS)", *International Journal of Operations & Production Management*, 34 (4), pp. 447-476.

9 以下の文献が参考になる。

［1］Gebauer, H., Edvardsson B. , Gustafsson A. and L. Witell (2010) "Match or mismatch : Strategy-structure configurations in the service business of manufacturing companies," *Journal of ServiceResearch*, 13 (2), pp. 198-215.

［2］Jackson, R., and P. Cooper (1988) "Unique Aspects of Marketing Industrial Services," *Industrial Marketing Management*, 17 (2), pp. 111-118.

［3］Mathieu, V. (2001) "Product services: from a service supporting the product to a service supporting the client," *Journal of Business and Industrial Marketing*, 16 (1), pp. 39-58.

10 Gebauer, H., Fleisch, E. and T. Friedli (2005) "Overcoming the service paradox in manufacturing companies", *European Management Journal*, 23 (1), pp. 14-26.

第2章

製造業のサービス化議論

1 製品をドミナントとしたサービス

■ 安定した収益であるサービス

　前章では製品を補完する位置づけであるインダストリアル・サービスの充実が，必ずしも顧客にとっては価値として知覚されないことを示した。これは製品に付随したサービスを独立したビジネスとして扱っても，その企業のビジネス・モデルを変えることにはならないことを示している。とはいえ伝統的な製造企業にとり，サービスは安定した収入源であり，効果的にビジネス・モデルを組み替えられれば，高い利益率がもたらされる収入源であることは確かである。例えば廉価なコピー機販売ビジネスでは，コピー機自体は非常に安く提供されるが，消耗品やメンテナンス等のサービスによって売り手側が収益を上げられるモデルが成立している。こうした点からサービス自体を事業化することを企業が考えてきても無理はない。

　このように，製造業として，ハードウェアとその機能を顧客に訴求しつつ，サービスで収益を得るモデルは非常に安定してかつ収益性の高いモデルとなる。

　ハードウェアを販売する機会や台数は限られていても，導入したハードウェアを数年にわたってメンテナンスすることは，企業にとって継続的に収入を得

29

る源泉となるからである[1]。

　例えば航空機のジェットエンジンでは，１台購入すると最低10年間はそのメンテナンス作業が必要となり，そのためにそこからメンテナンス・サービス料が安定してもたらされる。エンジンの耐用年数が尽きるまでにメンテナンス・サービスから得られる収入はジェットエンジンではなく，機体の販売価格の４倍にもなるという[2]。

■ 製品ドミナントなサービスの問題点

　しかしこれはサービスに価値があるということではなく，あくまでも製品に本来の性能を発揮させるために付随するサービスであることには変わりがない。つまり製品の性能を維持するために，運用上定められた点検を行う義務がある。コピー機を例にとると製品を使用することで紙やインクといった消耗品が必要となる。そういったビジネスシステムでは，製品自体の販売量がビジネスのベースとなる。すなわち製品の販売量が増えることにより，サービスの収益が上がることになり，サービスの規模拡大は，ハードウェア製品の導入ベースに依存する。

　製造業としては，製品の販売量を増やすために生産設備の拡張とコスト削減による競争優位を目指した戦略をとる。さらに製品の性能や安定性の向上にも努力し続ける。このような製品に付随するさまざまなサービス，例えばMRO（maintenance, repair and operation）のように製品の性能的な側面をサポートするインダストリアル・サービスでは，製品の市場に従属するものとしている限り，サービスの市場や収益性には限界があることになる。

■ ビジネスのサービス化の目的

　製造業にとり，サービスは補完的なものと捉えられがちであるが，「製造業のサービス化」といった場合は，単にサービスを切り離して事業化することを意味しない。製造企業がサービス化を志向するのは，製品単体でなくサービスと組み合わせることで，新たな価値を創出すること，その仕組みをシステム化

することで競争優位を実現しようとするからである。つまり顧客のビジネスそのものに関わり，変革していくサービスに着目する必要がある。単にサービスをビジネス上，製品から分離して強化しようとするのではなく，より包括的に顧客企業のためになるサービスの提供が製造業のサービス化の目的とならねばならない[3]。

■ 製造業のサービス化の定義

　ここで，製造業のサービスを，BtoB取引関係，なかでも設備・機器を扱う生産財に焦点を当ててみることにする。生産財に関連するサービスには大きく2種類ある。1つは製品の設置や，修理・保守を行うといった，製品に付随するサービスである。さらに，製品に付随するサービスだけでなく，製品を利用する顧客側の行動をサポートするサービスがある[4]。前者のサービス提供では，製品がその性能を発揮できるように，製品をサポートするものであるのに対して，後者は製品が顧客のビジネスに役立つように，製品使用のコンサルティング・サービス等を展開する。つまり，顧客主導で，製品とともに顧客の組織に入り込むサービスになる。この意味することは重要で，サービスは，製品を提供するサプライヤーが自らの製品をハードウェア的に向上させるだけでなく，顧客側のビジネスや業務に対して影響を持つことが製造業のサービス化の目的であることを示している。

　製造業のサービス化は，製造業者が自らの製品に対して価値を与えるそのプロセスにある[5]。価値提供とは，製品とサービスの導入の最終的な目的が，単に製品と製品関連のサービス提供から，顧客の要望に沿い，顧客企業のオペレーションを引き受けることへと移行し，自らのビジネスシステムをサービス・プロバイダーへと転換することである[6]。当然ながら，このアプローチは，製品をどのように顧客企業に訴求するかということではなく，顧客企業のニーズを優先し，その中に製品とサービスを位置づけることになる。

　顧客の要望に応えるという点では，製品にサービスをバンドルして提供することは製造業のサービス化の初期のステップとなる。しかしこれだけでは単に

顧客の要望に対応するという受け身の反応となり，顧客の持っている抜本的な問題を解決するには遠く，製造業のサービス化としてのビジネスシステムの再構築ということにはならない。

　そこで，製造企業が製品の販売を通じて，製品の機能を顧客企業に提供しようとすることにとどまらず，製品が顧客企業において発揮している機能自体に注目し，機能の成果（パフォーマンス）をサービス販売として提供するビジネスも登場している。これについては第3節で詳しく述べる。

2 新たなサービスへの着目

2.1 製品・サービスの機能とサービス

　そもそも製品には，何らかの働きをする「機能」が備わっており，それが本来の仕事をする「性能」が求められる。製品機能が顧客企業の使用の現場において性能を発揮することで，顧客企業に使用上の価値が生まれる。つまりその製品の生み出す価値を獲得するためには，ハードウェアとしての製品所有やリースとしてのサービス契約の相違にかかわらず，製品が生み出す成果に意味があるのである。具体的にいえば，航空機エンジンであれば安全で安定した燃費の良い推進力であり，コピー機であれば複写機能である。

　消費財・生産財にかかわらず，ある製品を顧客がどのように使うかは多様である。つまり顧客の数だけ求めている機能とその利用方法は異なってくる。そこで顧客のサービスの利用形態に応じたサービス分類には意味があると思われる。サービスには，1）コンポーネント型サービス，2）半製造型サービス，3）用具的サービス，4）消費型サービス，の4つに分類できるという考え方がある[7]。

　コンポーネント型サービスとは，顧客への最終的な提供物に合致するサービスを指す。例えば設備を導入する際に必要な輸送，設置，そして教育プログラムである。半製造型のサービスは，顧客企業が望む形態でサービスを提供する

32

ことである。例えばある企業が自社の顧客について調べたい場合，データを設計して集める業務とデータを分析する業務とに分けることができるが，この場合，前者のようなサービスを指す。用具的サービスとは，サービスの購買企業がそのサービスをツール（用具）として使うことにより，その主たる業務活動を変化させるようなサービスである。例えば航空会社に対する経営コンサルティングがそれにあたる。消費型サービスは，オフィスの清掃サービスのように，サービス購買企業内で，その部分だけ購入して使用するようなサービスを指す。

2.2 サービスドミナントサービス

前節において述べてきたように，製造業のサービス化に関して，BtoB取引向けサービスとして，さまざまなサービス分類がされてきたが，概念的には2つのタイプのサービス類型に収れんできる。1つは製品中心のビジネスにおいて製品をサポートするサービス "Services Supporting Products"（SSP），であり，一方は顧客の行為をサポートするためのサービス "Services Supporting Clients' actions"（SSC）である[8]。表2－1に，SSPとSSCの特徴を示す[9]。

SSPとSSCの違いは，サービスの製品や顧客との関係度の強さである。SSP

表2－1■SSPとSSCの概念と具体的項目

構成概念	項目
SSP (Services supporting products) 製品サポート型サービス	1．顧客サービスやホットライン 2．製品に関する文書化（マニュアル等） 3．製品の修理や予備部品の配達 4．製品のリサイクルや解体作業 5．メンテナンスサービス
SSC (Services supporting clients' actions) 顧客活動サポート型サービス	1．教育訓練サービス 2．コンサルティングサービス 3．ファイナンスサービスやリース 4．研究開発サービス

は製品と密接に関連したサービスであり，サービスに対する満足度は製品のそれに大きく関連する。一方，SSCにおいては顧客が行うビジネス行為との関連が強調される。SSCでは，顧客のビジネス工程の最適化やオペレーション全体の見直し，研究開発活動への関与や企業経営に対するコンサルタントが入ってくる。

SSCは，顧客価値を追求するために多種多様な企業とのコラボレーションを想定するが，その複雑性には段階がある。例えば顧客ビジネスのサポートの一環として，競合他社の製品であっても，その製品をメンテナンスすることがSSCには含まれるが，これは他社製品の機能をオペレーションするという点では，SSCプロバイダーは複雑な能力を持つことになる。しかしより高度な能力をもつ場合は，顧客企業にとっては，サプライヤーの能力を使い，そしてリスクや収益も共有するようなビジネスとなり，複雑さの程度が増す。つまりSSCは顧客への関わりも発揮する能力も程度の差があり，さまざまな企業の製品やサービスを取り扱うことを含んでいるとしても，戦略的に製造業のサービス化を進めるには，SSCを実践しているから十分というわけではなく，さらなる検討が必要となる。

2.3 製造業のサービス化に伴うサービス形態

SSCの本質は，サプライヤーが提供する製品とサービス，そして技術の組み合わせで，顧客企業のビジネス・システムにコミットし，顧客の課題の解決と能力の向上を目指すことにある。SSPをベースとしたサービスは，従来のインダストリアル・サービスに分類される，製品を補完するサービスに当たるが，一方のSSCはそれとは考え方が全く異なるサービスの形態である。製造業のサービス化には，SSPにとどまらず，次のステップとしてSSCへの進化が必要と考えられる。ここで問題となるのは，製造企業がどのようにSSCを実務レベルに落とし込んでいくかという問題である。

図2－1に，本章で扱う製造業のサービス化の段階と提供するサービスの分類との関係を示す。（Ⅰ）は従来製品とバンドルして提供されていたサービス

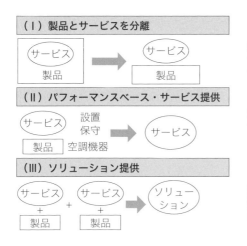

(筆者作成)

図2-1●製造業によるサービス化の段階

を分離して提供した形態である。ここで提供されるサービスは製品との関連が非常に高く，製品をサポートするサービスであることから，SSPに当たる。つまりインダストリアル・サービスを製品と別にビジネスユニットを分離した場合である。しかし第1章で述べたように，こうしたサービス形態では顧客からサービス自体を独立しても高く評価されることは難しく，顧客に価値を知覚してもらうことは難しい。

　SSCは，(Ⅱ) および (Ⅲ) で提供されるサービスとなる。これらは製品とサービスを完全に組み合わせて，1つのサービスとして提供することが特徴となる。さらにサービスが個々の顧客企業の要望あるいは潜在的な課題に対するソリューションという形態でサービスが提供されることになる。ソリューションという考え方では，製造物をサービスとともに提案販売するのではなく，むしろ製品やサービスとの統合による問題解決という点に焦点がある。ここでは製品とサービスだけでなく，技術を含めてコーディネーションすることで，顧客価値を創造するという発想に基づく。

2.4 サービスと企業業績との関係

■SSP/SSCと企業業績との関係

　製造業におけるビジネスのサービス化がどのように進展し、それが企業業績にどのように影響を与えるかについては、研究の蓄積が少ないものの、製造業のサービス化を実行することで、企業業績に対してプラスの効果があることが明らかになってきている[10]。特にサービスの種類において、製品の補完的な役割のサービス（SSP）と顧客の活動をサポートするサービス（SSC）では、企業業績との関連が異なるという結果が出ている。SSPサービスの種類を増やしても、業績や利益に直接的な影響が現れず[11]、こうしたサービスを拡張しても企業業績との関連が明確でないことが報告されている。一方、SSCのサービスでは、直接的に企業業績との関連が認められ、業績にプラスに影響していることが明らかにされてきている[12]（図2-2）。

■製造業のサービス化戦略

　SSP型のサービスは製品との関連性が高いため、サービスの幅を広げても製品に対する顧客の評価は上がるもののサービス自体への効果は限定的である。またそのサービス運用は製品に限定され、顧客との交流が担当部署や担当者に限られるため、交流を通じて得られる情報が限られ、サービス化に伴った組織

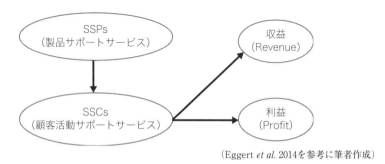

（Eggert *et al.* 2014を参考に筆者作成）

図2-2●SSP/SSCと企業業績の関係

能力の向上には必ずしもつながらない。最終的に顧客に提供する価値の向上という点ではSSP型のサービスは限定的である。

　一方，SSC型のサービスについては，業績に直接的な効果が表れていることから次のことが示唆される。1つは，SSC型は顧客側との関係性によりサービスが提供されるため，サービスが適切に提供されれば顧客価値に直接的につながることを示している。また顧客との交流による経験は，サービス化のための組織能力の向上につながり，競争優位の源泉になると考えられる。

　SSC型のサービスを提供するためには，既存のサービス提供システムを大きく変更し，組織構造を変え，必要なリソースを育成する，あるいは外部から獲得する必要がある。そのための時間と累積的な投資，システム変更に伴う混乱から，一時的に収益構造が悪化する可能性がある。こうしたマイナスの効果は，サービス化の移行期に現れると考えられる。

　SSC型のサービス提供が直接的に業績に影響を与えているという結果を考慮すると，SSP型のサービスに限定すると，最終的にプラスの効果を得ることが難しくなる。つまりSSC型のサービスを行うためには，SSP型のサービス提供を先に行い，その間に経験と能力の育成，そしてリソースの開発を行う必要性がある。

■ 製造業のサービス化の段階

　製造業のサービス化の段階についてあらためてここで整理することにする。図2-1で示した（Ⅰ）のフェーズは，製造業のサービス化の最初のステップである。SSPのサービスを幅広く持つことは，サービスの経験と能力を拡張することにつながり，SSCを実行するための前提条件となる。すなわちSSCサービスである（Ⅱ）および（Ⅲ）の段階にまで進めることで初めてサービスから収益をあげられるようになると想定され，そのためにはSSP型サービスを充実させる必要があるということである。前章に示したA社の事例は，まさにこの段階であることがわかる。先行研究から示したように，SSPの段階でのサービス提供は企業業績に直接的に結びつかない。そのためにも，サービス提供組織

を作ることを始めとして組織的な体制を考えることが必要になる。そしてサービス化戦略には分権化と階層化の程度が低い組織が求められることが主張されてきている[13]。

　SSCでは，製品と技術との関連に加え，サービスと顧客価値との関係に一層注目する。サービスと顧客価値との関連性については，マーケティング分野における「サービスドミナントロジック」の考え方の影響を受け，特にオペレーションズ・マネジメント分野で受け入れられるようになってきている。サービスドミナントロジックでは，ビジネスの取引に関してモノを中心とする考え方ではなく，ノウハウやスキルといった「サービス」が現代社会では取引対象となっているという考え方をしており，モノに価値があるから取引をするのではなく，取引後に顧客側が使用する文脈の中で価値を創り出すという考え方をする。製造業がサービス化を進行させることは，使用における価値を追求することと捉えることになる[14]。次節以降では，こうした議論に基づき，製造業の新しいタイプのサービス（図2-1（Ⅱ），（Ⅲ））について説明を行う。

3 パフォーマンスベース・サービスとPSS

3.1 パフォーマンスベース・サービス

■製品が生み出す成果に着目

　製造業のサービス化の最終的な目的は，サービスを提供するサービス・プロバイダーとして，個々の顧客の顕在・潜在的に持っている課題を解決するためのサービスを提供することにある。このアプローチは，製品をどのように顧客企業に売り込むかということではなく，顧客ニーズと課題設定を優先することになる。製品とサービスをバンドルして提供することは，製造企業にとり，ビジネスをサービス化させる初期の段階ではあるが，この段階では単に顧客要望に対応する受け身の反応であり，顧客の持っている課題について，顧客の事業システムに入り込んで抜本的に解決するといった能動的なサービス提供には

至っていない。

しかし，顧客企業に導入された製品が，使用されている中で果たしている機能やパフォーマンスに注目すると，顧客企業が得ているものは，製品それ自体にあるわけではなく，製品が生み出している成果であり，その成果こそが顧客にとっての価値ということになる。その成果と価値を追求することは，サービスを提供する側，顧客側のビジネスシステムにイノベーションを起こす可能性がある。ハードウェアとしての製品自体を販売することによらず，製品がその機能により生み出す成果自体を提供するサービスは，「パフォーマンスベース・サービス（Performace based Service）」と呼ばれる。このようなサービスに着目したサービスシステムとしてPSS（Product Service Systems）という概念が生まれた。PSSとは，製品とサービスを統合し，モノの保有よりもその使用価値を重視する考え方である[15]。具体的には，空気の圧縮機や汚泥処理の機械を販売するのではなく，圧縮空気や汚泥処理自体を量的に販売するということになる。

3.2 プロダクトサービスシステム（PSS）

■ PSSとサステナビリティ

PSSの考え方の背後にあるのは，ビジネスとサステナビリティ（持続可能性）の関係について研究を蓄積してきた分野の存在である。社会において，資源の効率的な利用と循環型経済，そして新しい資源を生み出すイノベーションを実現するためには，製品の機能面に着目したサービス提供が最も効果的であるという考え方である[16]。

物財としての製品を提供することがビジネスの中心的な考え方だとすると，大量の製品を生産・販売することがビジネスの主眼となる。つまり新製品を頻繁に企画し，商品の在庫の回転率を高め，マーケットシェアを拡大し，量産効果や経験効果により利益を追求するというビジネスのあり方になる。しかしながら，大量に原材料，素材を加工し，製造物化すること，使用後の製品が廃棄されることには環境に多大な負荷がかかる。そのため，限りある資源を効率良

く使用し，再利用を含んだ生産システムを構築していく必要がある。

　そこで製品が提供する価値や機能を重視したサービス中心の考え方に転換させることで環境への負荷を低減させる考え方が生まれる。顧客企業にとって，ある機能を必要とする場合に製品の形態で購入するか，機能自体をサービス契約するかの取捨選択がある。サービス契約を行う場合，顧客にとってはサービス提供ごとに支払いが生じ，付随する消耗品購買もコストになる。そこで顧客側としては，コストを削減するためにはできるだけモノの購買はやめ，効率的にサービス利用をすることでコストを削減しようとする動機が働くことになる。さらにそのために顧客が提供側と分担したシステムを考え，利用するようになる。これによりビジネスの主目的であるコストの削減と資源の有効利用を考えるように提供側も顧客側も動機づけられ，そして社会資源の効率化が進展すると考えたのである。

　当初こうした研究群は，製品とサービスを組み合わせることで，社会的コーズ（大義）であるサステナビリティの価値を付け加えることができるということを主張していた。PSSは環境への負荷低減とビジネスを両立させるためのシステムということになる。

■ 所有権の分離と新たなサービス

　パフォーマンスベース・サービスの特徴は，機械設備を含めたシステムの所有権問題にある。こうしたシステムの所有権が顧客にある場合，サプライヤーが顧客に提供するサービスは，そのシステムをサポートするためのサービス，例えば保険や保守契約，そして使い方などの助言を行うサービスになる。従来の製品に付随したサービスがこれに当たる。

　一方，所有権を顧客ではなく，製造企業自身あるいはサービスを提供するプロバイダーが保持すると，顧客にその製品を使用してもらい，提供サービスに対して課金するビジネスを行うことになる。例えばパナソニックは「あかり安心サービス」という照明のサービスをサービス会社（指定代理店）により提供しているが，これは照明器具であるランプを法人企業に販売するのでなく，レ

ンタルでサービスを提供している。このサービスのポイントは，使えなくなったランプについて，所有権はサービス会社にあり，利用する企業側は所有権を持たないため，排出者としての義務を持たず，廃棄に関する責務・手続きから開放されることになる。サービス会社は，環境に配慮した廃棄方法について企業としてのノウハウを活かせることになる。

　提供企業側が所有権を持つパフォーマンスベース・サービスでは，多様なビジネス形態が可能になる。異なる顧客がその製品を共有する，あるいは1つの企業がその製品をリースする契約をする，あるいはその製品を同時に複数の企業が使用し，使用量に応じて料金を支払うようなサービスの提供が可能となるのである。

■ パフォーマンスの提供

　製品が売買契約により，所有権が移転されず，製品の生み出す結果をサービスとして商品化する場合，新たなサービス形態が出てくることになる。これはその製品やそれに付随する消耗品などと関係なく，その機器が動作することによって生まれてくる「結果」を顧客が利用しようとするからである。

　サービス提供者は，顧客の期待している「結果」，すなわちその設備・機器等のパフォーマンスを提供することになる。そのため，航空機エンジンの場合，エンジン自体を販売するのでなく，エンジンが生み出す「飛行距離」，発電用ガスタービンなら「発電された量」に従って支払いが発生するというビジネスシステムに移行することになる。

　PSSの概念では，このタイプのサービスが最も循環型ビジネスを実現することになり，資源の効率的な利用が期待できるシステムということになる。コピー機をリースした場合は，製造物が存在し，トナーや紙も使用するという点で，製造物が環境にかける負荷の軽減は限定的になるが，コピー機で作成される文書が紙ではなく，デジタルのドキュメントに転換されれば，電気の使用部分は残るが，トナーや紙の使用は減少することになる。

　パフォーマンスベース・サービスにおいては，利用するたびに課金されるた

め，できるだけサービス自体を効率的に利用するように意識することとなる。さらには設備を保有するために必要であったメンテナンス部署などの固定費は，消耗品と同じように変動費となり，さらにはこうしたすべての原材料から製品，そして消耗品までがすべて一律にコストとして計算できるために，企業側はそれを最小にしようと意図する。そしてその意図こそが，持続可能性の高い社会との両立につながるというのである。

■ パフォーマンスベース・サービス導入と効果

　サービスにおける効率化においては，サービスを工学的にインプットとアウトプットから成るシステムとして捉え，とりわけ人的リソースを有効活用することが行われる。製造業における効率化は，人的資源，設備を含めたさまざまなリソースを効率的に使用することになる。つまりある設備について使われていない時間があれば非効率ということになり，有効活用するためには，パフォーマンスベースのサービスが検討されるべきである。例えば機械のリースやレンタルにより，ハードウェアの購買コストではなく，サービス利用コストに変えることを考えるべきであり，製品とサービスを組み合わせることで，文書管理や照明のサービスのように，ビジネスのプロセスの中で出てくる業務や資源の無駄をなくしていくという発想で，コスト削減が可能になる。

　それ以上にパフォーマンスベース・サービスを導入することの効果は，製品の市場自体が成熟していても，新しい価値を提供することにより，市場需要を創り出せることにある。先述の「あかり安心サービス」は，照明のパフォーマンス，器具レンタルということのみならず，環境への配慮について，廃棄を適正に行うことを利用者の代わりに請け負うことで，顧客に価値を創出している。サービス業者としては，器具交換のために定期的に顧客企業を訪問する機会に，別のサービス開発を行うことも可能になるであろう。

　ただし，すべての製品の機能がサービス財として魅力を持つかどうかは一概に言えないところもある。BtoC取引の例ではあるが，カーシェアリングがそれほど普及しない理由としては，車の価値が，車の移動手段という機能的な価

42

値のみを持っているだけではなく，所有することによる自己満足や所有できることによるステータス誇示など，モノに関わるさまざまな価値が存在するからである。

　一方，自動車というモノが果たす機能をサービスとして見た場合，異なるビジネスが生まれてくる。人やモノを運ぶという，輸送や運搬という機能について徹底したサービス化を行えば新たなビジネスチャンスになる。また輸送以外の機能，例えば運転，操作する機能に注目すれば，新しいサービス開発につながる可能性もある。

■ ビジネスのサービス化によるマーケティング上の効果

　製品それ自体ではなく，製品が必要とされる機能に着目することで，企業のドメインを成熟したビジネスの新しい領域へと変えることができる。例えば包装資材を製造している企業は，取引先相手に資材を納めるだけでは，成熟した市場におけるプレイヤーとしてのみ存在することになる。つまり資材をモノとして捉えている限り素材開発やコストに注力し，競合他社と競争することになる。しかし，顧客の求めているのは，自社製品を損傷することなく，また製品の姿を魅力的に見せて相手先に運んでもらうということである。ここで自社の製品である資材それ自体の物財としての機能を向上するのみならず，パッケージングとしての機能を追求することにより，物流面や販促面，さらに廃棄に関わる環境対応面でのトータルなコスト削減を追求することになる。そこで物流会社と協働し，パッケージングとロジスティクスをトータルで考える仕組みを作る方向性を目指せば，包装資材に関するノウハウがモノに限定されず，物流サービスの中でどのように包装資材が設計開発されなければならないか，コンサルティングビジネスを行うことも可能になる。

3.3 PSSの問題点

■ 実行可能性の問題

　PSSに関する第1の問題は，顧客に対して製品を購入した場合と同じ機能・

品質を提供できるのかという本質的な問題である。BtoBの場合，主に問題となるのは，製品のパフォーマンスが安定的に顧客の企業環境下で提供されるのかという問題である。

　BtoB企業の多くは，購入した設備やシステムは，自社の環境に合わせてコンピュータのプログラムを変更したり，あるいは装置自体を改造して，つまり自社向けにカスタマイズすることにより使用している。この個別にカスタマイズしている利用環境下で，パフォーマンスベースのPSSでは，量的には個々のシステムの利用量として比較的コントロールしやすいが，利用する機能をいかにカスタマイズするかが課題となる。

　つまりPSSが想定しているシステムでは，製造業の基幹システムである生産現場への導入，設備シェアリングはまだハードルが高いといえる。マスプロダクションを前提にした生産システムであれば，OEM（相手先ブランド名生産）や自動車では共通の車体による生産設備のシェアリングは現実に行われている。しかし多くの製造業は相手先に合わせた多品種少量生産を行うが，このような場合，専門特化した技術と装置を使うため，その装置を他社が利用することは非常に困難である。そしてこうした技術と装置の間には非常に密な関係があり，その関係自体がその企業の競争優位源泉である。それを他社がシェアして利用するのは企業の競争優位を脅かすことになりかねない。

　製造業がこのような設備のシェアリングを可能とするためには，産業集積が形成されていることと，ICTの活用が重要になることが考えられる。ICTにより1社内で保持されてきた熟練技術者のノウハウを形式知化し，それによって別の企業がその設備を使うことができるかもしれない。しかし通常，生産技術と設備設計には非常に密な関係があるために，母体となったシステムが異なる場合は機械自体が動作しない可能性が高い。このモノとサービスが密に結合されたシステムは汎用性が低いために，他のシステムへの応用は難しい。つまりPSSを製造業の生産システムおよびサプライチェーンにそのまま持ち込むことは非常に難しいということになる。

第2章　製造業のサービス化議論

■ コストの問題[17]

　パフォーマンスベース・サービスは，コストの計算や顧客の利用度が予測しづらいことから価格設定の問題が起こる。コストには研究開発，そしてその製品を運用するためのメンテナンス費用までが含まれる。つまりPSSの実行には幅広い分野の行動が含まれるが，複雑に入り組んだ業務とビジネスの将来性を勘案して，コストと収益性を計算，予測するのは，まさに企業に卓越した能力が求められる。そのために提供側の企業は大きなリスクを背負うことになる。リスクを可能な限り低減するために，今まで以上に信頼性のある製品をつくり稼働時間を増やし，保守を含めたサービス提供のコストを削減し，そのサービスを提供する流通経路を精度高くつくることが求められる。

　そもそも，PSSの実行には，コストがかかることが明白である。従前とは異なる技術と能力が必要となり，さらにはモノを販売するのと異なる組織が必要となる。労働力に対する負荷も確実に大きくなる。なぜなら顧客が製品を自社で操作していたときよりも労働コストがかかり，必要とされる能力も大きくなるからである。さらに，利用する側のニーズとして，設備に関する技術革新が急激であり，新たな機能やより高い性能を求める結果，比較的短期で，機械のリースを行うという需要が高まっている。こうなるとサービス提供側では製品のパフォーマンスが複数顧客企業に共有される割合が減り，コストが高止まりになる可能性がある[18]。

■ PSSの導入効果

　さらに3つ目の問題点として挙げられるのは，PSSを行うことで本当にリソース削減という効果を達成できるかという本質的な問題である。パフォーマンスベースのPSSは環境負荷を低減させることは確かだが，しかしそれを実現するための手法には多くのコストがかかる。企業のビジネスシステム自体を抜本的に変えなければならず，そのことでその企業が業界で持つバリューチェーン上の競争優位を失う可能性を否定できない。

45

■経営上の問題

　パフォーマンスベースのサービス提供が可能であれば，競争優位を確立するために魅力的な選択肢に見える。しかし，現有の製品を提供するために蓄積してきた能力をパフォーマンスベース・サービスに対してそのまま移管することができるのかという疑問が残る。可能な分野があるにしても，全く新たに開発することのほうが多くなるのは必然である。パフォーマンスベースのサービス提供から利益が出るまでに時間がかかり，売り上げも製品に比べて，なかなか伸びないことが想定される。まさにサービス・パラドックスで指摘されてきた問題がここに表れてくる。つまり製造企業として，製品を開発して生産するビジネスのドメインをパフォーマンベース・サービスへと転換するのは，企業にとって非常に難しい決断であるし，それが成功するまでの累積投資額とその時間が必要となり，経営層がぶれることなく戦略を実行していかなければならない。

■PSSの製造業への応用

　パフォーマンスベース・サービスへのビジネスシステムの転換は，新しいビジネスの立ち上げや強化には向いているが，現在の収益源である主要ビジネスから移管していくにはリスクが高いと考えられる。それよりも，製造業として，製品とそれに関連したサービスを育成してきた組織能力と長年蓄積されてきた技術力を生かすことで，顧客に対する価値を共創するための，新たなアプローチが考えられてきている。

　PSSの目的は，「持続可能性」と「企業の競争優位の確立」を両立させること，そして「よりユーザーの要望に応えやすくすること」[19]にある。しかし次第にPSSの概念は，環境問題への対応から，企業の戦略的視点へと転換し，そしてそれを実行するための計画策定の手法，さらにそれを実行する従業員への新しい考え方の普及・定着へと移っている[20]。

　つまり，PSSは目的を変質させつつある。環境負荷への削減から，新たな概念，すなわち製造企業が顧客企業のオペレーションを再定義し，製品とサービ

第2章　製造業のサービス化議論

スを統合して，顧客企業のオペレーションが効果的になるようにサポートすることに移行していることが指摘される[21]。これは生産財のメンテナンスに関係した予備部品や消耗品，人的リソース，訓練，知識，そして技術サポートあるいは顧客へのサポートといった関連要素を効率的にオペレーションするためのものと定義できる[22]。こうしたアプローチでは，有形財である製品自体が強調され，それに無形のサービスを統合して顧客要望や潜在的な課題に応えるものとなる[23]。こうした考え方は，次節で説明するアドバンスト・サービスであり，統合化ソリューションと呼ばれる。これは，CoPSの研究者が行ってきた概念へとつながってきている。

4 製造業におけるソリューション・ビジネス

4.1 統合化ソリューションとアドバンスト・サービス

■ 統合化システム

　製造業のサービス化として，次に注目すべき概念は「統合化ソリューション」という考え方である。これは製品やシステム単体の能力ではなく，さまざまな製品やサービスを組み合わせた包括的な能力の提供を指す。特にBtoB企業では，製品単体の能力ではなく，他社製品やサービスも含めてさまざまに組み合わせて，顧客企業独自のシステムを作り上げることが強みになる。ここで重要なのは「Integration（統合化）」という概念である。

　製造業のサービス化で特別な形態として「アドバンスト・サービス」という概念がある。これは，製造業がビジネスシステム自体をサービス化した場合の具体的なサービス・ビジネスである。有形財と無形財を組み合わせたサービス形態となるが，具体的には部品，消耗品などの有形財とともに人材，さらに訓練や知識そして技術，技術・顧客サポートなどの無形財と組み合わせて提供される[24]。つまりこうしたものは顧客要望に合わせて，有形財に無形財を統合（インテグレート）したものとなる[25]。

47

サービス提供において，顧客のビジネスそれ自体をサポートするもの（SSC）に注目していくことは，結果として個々の顧客に対するカスタマイゼーションの程度を高めることにつながる。製造業のサービス化戦略においては，このカスタマイゼーションの程度がサービス提供の内容に大きく影響を与える重要な要因となる[26]。

　以上述べてきたように，製造業のサービス化は，その目的において，単に製造業がサービス・ビジネスを拡張することではなく，サービスを主軸としたビジネスシステムの確立を目指していることに改めて留意する必要がある。サービス化への移行や転換を戦略的に検討するためには，製造業のサービス化の分類が意味を持つ。製造業がサービス化を進めるいくつかのパターンの中で，製品自体ではなく，顧客に対してサポートする程度が重要なポイントであるとすると，それは提供サービスのカスタマイゼーションの程度にも関連してくる。このような考え方を背景にして，「製造業のソリューション（統合的ソリューション）」という，新たな考え方が登場してくる。

■ 製造業のサービス化における「ソリューション」

　顧客のビジネスと戦略，そしてオペレーション上の課題に対して，製品とサービスをバンドル化することをソリューションという[27]。「ソリューション」という概念は，製品とサービスをセットにしてサービス・ビジネスとして顧客の問題を解決しようとすることであると説明できる[28]。ここでは「問題解決」に主眼がある。一方，製造業のサービス化という考え方の潮流では，製品にサービスを統合してしまうことを試みている。つまり「製品にサービスを統合した」サービスが，製造業におけるソリューション・ビジネスの方法となる。これにより製品とサービスは同じ目的を持ち，顧客のオペレーションの向上やコスト削減といった新たな価値の追求に利用されることになる。この点でビジネス用語として頻繁に用いられる「ソリューション」と製造業のサービス化における「ソリューション」とは区別されなければならず，後者はその意味で「統合的ソリューション」あるいは「アドバンスト・サービス」と呼ばれる。

48

■ 顧客志向と製造業のサービス化

　重要なのは顧客価値の捉え方である。製造業のサービス化という考え方では，その価値を全く新しい価値として創造することよりも，顧客企業の持っているさまざまな生産システムの効率化と新たな能力の向上を主眼としていることにある。この考え方は極めてオペレーションズ・マネジメント的な発想法であるが，製造業の活動目的を正確に表しているとも言える。

　製造業が顧客と共に新たな価値を作り出すことを志向するとき，顧客との関係をどのようにマネジメントするかが重要となってくる[29]。ここで顧客側の視点が重要性を増すことになる。製造業と顧客との関係において，BtoB取引の場合，一品一様の生産活動もあれば，顧客要望を取り入れたカスタマイゼーション生産，あるいは顧客の相違に関わらない汎用品の生産とさまざまなパターンがある。顧客と戦略的に開発時点から協働が行われることもあるが，製造業は，製造業として，製品を企画，開発，製造するプロセスを持っている。販売先として特定の顧客に依存すれば，顧客の要望を聞き入れ，開発資源や営業資源をそれらの顧客に固定的に投じていくことになる。特定の顧客への依存度が高くなりすぎるのをコントロールするためには，製造企業としては，自社技術から構成される製品が優位性と独自性とを保たなければならないことになる。その上でいかにサービスを統合していくかが製造業にとり重要となる。サービスとの統合やサービス提供のプロセスの中で，必然的に顧客視点を取り入れることになる。

　生産財においては，顧客との関係性は，消費財で行われる一回ごとの取引ではなく，さまざまな企業をネットワーク化することの重要性が従前より指摘されている[30]。製造業のサービス化において，製品とサービスとの複雑なインテグレーションを志向するとき，業界外の企業とのパートナーシップや技術上の提携等がこれまでよりも重要性を持つ。製造企業がサービス提供のポートフォリオを拡大するためには，外部のリソースを獲得し，内部化することが求められるが，これは買収や資本提携による垂直・水平統合を必ずしも意味していない。むしろ資本関係以外の方法で仮想的に垂直統合を行う仕組みが情報技術の

革新により可能となってきている。

■ 技術とサービスの組み合わせがソリューション

製造業企業がソリューションを提供しようとするとき，顧客視点から製品とサービスを組み合わせて提供物を構成しようとする。ここで着目すべきは，製品と技術との関係である。提供企業側の競争優位の源泉は個々の製品にあるのではなく，それは無形財である技術である[31]。特に生産財企業においては，技術はその製品を製品として成り立たせる能力である[32]。製造業のサービス化においては，パフォーマンスベース・サービスへの注目が集まったことにより，技術への関心がむしろ高まっている。ここで，その技術が，個々の製造企業が持つ独自の技術だけを意味するのではなく，ソリューションへと展開するための技術にも注目する必要がある[33]。

ICT業界でのソリューション・ビジネスはあくまでも製品とサービスの「組み合わせ」に限定されていることに注意すべきである。つまり有形財と無形財の組み合わせにより，さまざまなサービスが実現でき，「サービス財一式」として販売することになる。一方，製造業のサービス化を考えるには，技術という無形財とサービスとの組み合わせを考える必要がある。つまりその企業が競争上優位性を持つのは，製品それ自体ではなくその製品を開発・生産するための包括的な技術が根底にあるということである。その技術を製品という形態で認識するのではなく，サービスとの組み合わせにより新たな価値を提供する無形財としての形態として認識することが重要になってくる。つまり製造業のサービス化は，本質的には「技術とサービスの組み合わせ」になるのである。

4.2 ソリューション・ビジネス提供に必要なリソース

■ 企業内部で開発されるべきリソース

製造業のサービス化には研究開発から生産，販売そしてそして顧客サービス，ファイナンスまで，サービスを提供するためのバリューチェーン上あらゆるリソースを活用可能にする非常に幅の広い分野の能力が必要になってくる。しか

しながら，すべてのリソースを自社内に内部化することは現実には不可能に近い。そこで，製造業において，具体的にどのようなリソースと能力が必要となってくるのか整理をする[34]。

（1）納品した製品の利用状況に関する情報収集能力

　サプライヤー側の企業には，納品した機械やシステムを顧客がどのように使用しているかについての情報がないことが多い。しかしサービス化された企業では，顧客が生産拠点や設備内で，どのように製品・システムを利用しているのかの情報，また実際のシステムの動作に関するデータを収集し，分析できる能力が求められる。

（2）製品開発と生産に関する能力

　製造業である限り，製品企画と製造能力を独自に蓄積しているという前提がある。この能力はICTサービスを提供する企業には存在しないものである。例えば工程の標準化，品質管理，性能管理，そして試作品開発能力などである。こうした能力は，高品質の製品を作る能力だけではなく，顧客がその製品に伴うさまざまなコストを削減しようとすることを考えた場合，その製品開発，メンテナンスの方法などの提案力も含む。

（3）流通ネットワークと営業能力

　特にBtoB企業においては，従来の製品販売により，顧客へアプローチする能力を持っているが，営業力はこれまで以上に必要となってくる。顧客の要望や潜在的な課題については営業担当者が最も知っておくべきであり，新しい形態での契約を交わすためには，サービス取引に関する契約締結の能力が必要となってくる。さらに製品とともにサービスを顧客に届けるための方法として，専用の組織とシステムづくりを充実させる能力が必要となる。

（4）フィールドサービス

　エンジニアリング・サービスを行う技術者は，顧客のシステムに高度にアクセスすることが顧客から許可されているため，顧客の組織外部にいながら，顧客について最もよく知る立場となる。つまり，非常に優秀な営業担当者の役割を果たすことができる。それと同様に重要なのは，顧客システムの特徴的なデータを取得できることである。故障時や稼働時のデータを収集し分析することで，顧客がシステムに求めていることや，その運用方法の特徴などが理解できるようになる。

　ここに示した組織の能力は，多くの製造企業が少なからず持っているものである。すなわち製造業における競争優位は日々の活動の中から生まれてくるが，サービス化を考えると，破壊的なイノベーションを創造するよりも，サービスを実行できるようになる能力を蓄積しておくことのほうが重要なのである。

　またこうした能力はそれぞれの現場だけでなく，さまざまな階層の人たちの能力を変えることも意味する。つまり個人の能力と組織の能力を変革する必要があり，それを競争優位の源泉になるまで能力を開発していかねばならない。

■ 企業間の関係をマネジメントする能力

　組織内部の能力だけで，製造業のサービス化，特にソリューション・ビジネスを展開することには限界がある。そのためには提供企業側の持つ競争優位となり得る技術をベースに，企業内でさまざまなリソースを育成していくとともに，外部にあるリソースを取り込む必要がある。つまり顧客企業以外の第三者のサービスや製品を統合することができるような，仲介者としての能力が必要である。これには有用な技術を見つけ出すマーケティング能力と，見つけ出した技術を保有する企業を，自社の陣営に組み込むための契約交渉能力が必要となる。

　そして最後に顧客と価値を共創できることを最終目的として，顧客の業務プロセス自体を変革するために，システムを設計し，多様な技術を統合していくという，研究開発部門の卓越した能力が求められる。また顧客との関係性管理

も重要となってくる[35]。

■ 垂直統合度を上げないこと─アウトソーシングと内部化─

　従来，企業はビジネスの拡大に伴って垂直統合度を上げることを頻繁に行ってきた。すなわち製造企業はサービス・ビジネスを拡大するために，サービス会社の買収，資本提携，また進出国の有力な販売会社を買収してきている。つまり調達から販売，そしてサービスまで自社内で行うことを意図し，垂直統合を行ってきている。この背景には，サービスから得られる収益を最大化したいという考えがある。例えば，アフターサービスなど定額の課金サービスから利益が得られると考える企業が多い。

　しかし製造業のサービス化，そしてそのソリューションの提供のためには，実は垂直統合度は低くすることが求められる[36]。サービス・ビジネスを拡張するためには，そのオペレーションやメンテナンス業務のためのサポートを最大化しようとするが，それがコスト要因になり，利益を非常に不安定にさせる。しかしサービス・ビジネスを広げるためには，水平方向の協働が必要となってくる。それは同じ領域の製品やサービスに対して複数の選択肢を持つことができるため，結果的にコスト的にも機能的にも最適なものを選ぶことができる。内部化した際の，利益獲得と内部化するリスクや，他企業とのネットワーク化によるコスト削減等を考慮する必要があろう。

　垂直統合度を高めるという方向性のサービス拡張に関しては，アライアンスや企業間連携により，リスクを避けつつ，ビジネスのコンソーシアムを作る活動が必要となってくる。必ずしもすべての企業に当てはまるというわけではないが，多くの製造業において課題であるのは，他の企業との協働である。可能であれば自社，自社グループ内で閉じるようにビジネスの範囲を明確にする傾向がある。しかし製造業のサービス化，ソリューションの提供のためには，このように内部化ではなく外部化を中心として考える経営的発想への転換，そして資本関係なしに，いかに効率的・効果的に外部からリソースを調達するか，その能力が重要となってくる。

■ ソリューションの提供とICT

　製造業の大きな悩みは，提供している製品の品質と性能が急激に陳腐化し，さらにコモディティ化が進行することである。コスト競争に陥らないために，この技術革新の速度を乗り越える仕組みを持つことが，製造業において必要となってくる。そのために，製造業のサービス化を企業は進める必要があるのだが，実はパフォーマンスベースそしてソリューション・サービスを提供しても，技術革新の速度による影響は避けることができない。製造業のサービス化においては，この外部環境の動的な変化との対応が可能なシステムの設計が必須となる。ICTが注目を集める理由もここにある。システムにはセンサーとソフトウェアを含めた処理装置を具備し，それをネットワーク化することで，システムのソフトウェアをアップグレードしたり，あるいはクラウド型のサービス提供を行うことでネットワーク側の機能が新しくなり，結果的には同じ装置でありながら，常に先端的なサービスを提供することができる。このように，ハードウェアの更新を避けることができるのは，導入するクライアント企業にとって，コスト的なメリットが非常に大きい。

　さらに，ICTに関して重要なことは，1つはサプライヤーそして顧客との関係性を変化させる役割にある。相互のコミュニケーションを質的にも量的にも向上させることが一番に期待されているが，それ以上にさまざまな情報を統合して分析することを可能にする。この能力はパフォーマンスベースのサービス提供には欠かせない機能である。顧客へのカスタマイズ機能はICTなしには不可能であることが強調される。

注

1　Wise, R. and P. Baumgartner (1999) "Go downstream: the new imperative in manufacturing", *Harvard Business Review*, 77 (5), pp. 133-141.

2　中村洋明 (2012)『航空機産業のすべて』日本経済新聞社，pp. 294-296，および The Economist, "A big fine for Rolls-Royce is not its only worry", January 12th 2017, available at　http://www.economist.com/news/business/21715001-

第 2 章　製造業のサービス化議論

turbulence-worlds-second-largest-engine-maker-big-fine-rolls-royce-not-its-only［accessed at May 14th 2017］

3　例えば，前掲Mathieu（2001）.

4　Jackson, R., Neidell, L. and D. Lunsford,（1995）"An empirical investigation of the differences in goods and services as perceived by organizational buyers", *Industrial Marketing Management*, 24（2），pp. 99-108.および前掲Mathieu,（2001）。

5　Vandermerwe, S. and J. Rada（1988）"Servitization of business: Adding value by adding services", *European Management Journal*,6（4），pp. 314-324.

6　Oliva, R. and R. Kallenberg（2003）"Managing the transition from products to services", *International Journal of Service Industry Management*, 14（2），pp. 160-172.

7　Wynstra, F., Axelsson, B. and W. Van der Valk（2006）"An application-based classification to understand buyer-supplier interaction in business services", *International Journal of Service Industry Management*, 17（5），pp. 474-496.

8　前掲Mathieu（2001）.

9　Eggert, A., Hogreve, J., Ulaga, W. and E. Muenkhoff（2014）"Revenue and profit implications of industrial service strategies", *Journal of Service Research*, 17（1），pp. 23-39.

10　前掲Eggert *et al.*（2014）.

11　前掲Eggert *et al.*（2014）およびSingh, P., Li, H., Sun, H. and Y. Tian（2016）"Servitization, customer integration, and firm performance: a moderation model", *The proceedings of EurOMA* 2016, on the website of Euroma 2016.

12　前掲Singh *et al.*（2016）.

13　Story, V., Raddats, C., Burton, J., Zolkiewski, J. and T. Baines（2017）"Capabilities for advanced services: A multi-actor perspective", *Industrial Marketing Management*, 60, pp. 54-68.

14　南知惠子・西岡健一（2014）『サービス・イノベーション　価値共創と新技術導入』有斐閣。

15　Tukker, A.（2004）"Eight types of product-service system: eight ways to sustainability? Experiences from SusProNet", *Business strategy and the environment*,13（4），pp. 246-260.

16　Tukker, A.（2015）"Product services for a resource-efficient and circular economy-a review", *Journal of Cleaner Production*, 97, pp. 76-91.

17　本稿に関しては，例えば以下の文献が参考になる。［1］前掲 Heck and Rogers（2014），［2］Gebauer, H., Saul,C., Haldimann, M. and A. Gustafsson（2016）"Organizational capabilities for pay-per-use services in product-oriented companies", *International Journal of Production Economics*, Available online on 8 December 2016.

18　前掲Gebauer *et al.*（2016）.

55

19 Wang, P., Ming, X., Li, D., Kong, F., Wang, L. and Z. Wu (2011) "Status review and research strategies on product–service systems", *International Journal of Production Research*, 49 (22), pp. 6863-6883.

20 Fabien M., Daaboul, J. Matthieu, B. and B. Eynard (2016) "Product–Service Systems for servitization of the automotive industry: a literature review", *International Journal of Production Research*, 55 (7), pp.2102-2120.

21 Datta, P. and R. Roy (2011) "Operations strategy for the effective delivery of integrated industrial product-service offerings: Two exploratory defence industry case studies", *International Journal of Operations and Production Management*, 31 (5), pp. 579-603.

22 前掲Datta and Roy (2011), p. 580.

23 前掲Wang *et al.* (2011).

24 Baines, T. and H. Lightfoot (2013) "Servitization of the manufacturing firm: Exploring the operations practices and technologies that deliver advanced services", *International Journal of Operations and Production Management*, 34 (1), pp. 2-35.

25 前掲Wang *et al.* (2011).

26 Matthyssens, P. and K. Vandenbempt (2010) "Service addition as business market strategy: identification of transition trajectories", *Journal of Service Management*, 21 (5), pp. 693-714.

27 Foote, N., Galbraith, J., Hope, Q. and D. Miller (2001) "Making solutions the answer", *The McKinsey Quarterly*, 3 (3), pp. 84-93.

28 Acha V., Davies, A., Hobday, M. and A. Salter (2004) "Exploring the capital goods economy: complex product systems in the UK", *Industrial and Corporate Change*, 13 (3), pp. 505-529.

29 例えば, Windahl, C. and N. Lakemond (2010) "Integrated solutions from a service–centered perspective: applicability and limitations in the capital goods industry", *Industrial Marketing Management*, 39 (8), pp. 1278-1290.

30 例えば, Matthyssens, P., Vandenbempt, K. and L. Berghman (2006) "Value innovation in business markets: breaking the industry recipe, *Industrial Marketing Management*, 35 (6), pp. 751-761.

31 Pfeffer,J. and G. Salancik (1978) *The external control of organizations: A resource dependence perspective*, California:Stanford University Press.

32 Ford, C., Gadde, L., Hakansson, H. and I. Snehota (2003) *Managing Business Relationships*, 2 nd ed., John Wiley & Sons, Ltd., Chichester, U.K.

33 例えばGrubic, T. (2014) "Servitization and remote monitoring technology: a literature review and research agenda", *Journal of Manufacturing Technology Management*, 25 (1), pp. 100-124.

34 以下の文献を参考に筆者作成。[1] Ulaga, W. and W. Reinartz (2011) "Hybrid

第 2 章　製造業のサービス化議論

Offerings: How Manufacturing Firms Combine Goods and Services Successful-ly ", *Journal of Marketing*, 75 (6), pp. 5-23.

［ 2 ］ Kamp, B. and G. Parry（2017）"Servitization and advanced business services as levers for competitiveness", *Industrial Marketing Management*, 60. pp. 11-16.

［ 3 ］ 前掲，Story *et al.*（2017）.

35　例えば，Battaglia, D., Borchardt, M. and L.Patrício（2016）"PSS Offering in a B 2 B Context: Towards the Drivers to Enable Integrated Solutions", *Procedia CIRP*, 47, pp. 400-405.

Ng, I., Parry, G., Smith, L., Maull, R. and G. Briscoe（2012）"Transitioning from a goods-dominant to a service-dominant logic: visualising the value proposition of Rolls-Royce", *Journal of Service Management*, 23 (3), pp. 416-439.

36　前掲Gebauer *et al.*（2016）.

57

第3章

製造業のサービス化の実態と戦略

1 製造業のサービス化の実態調査

1.1 調査概要

　日本の製造業のサービス化の実態を把握するために，筆者らは2012年11月に上場製造企業を対象に第1回目のアンケート調査を実施した。さらに2016年12月から2017年1月末にかけて同様の調査を行い，サービス化に関連するさまざまな要因間の関係の分析を行った[1]。製造業のうち，対象としたのは，機械，精密機器，輸送用機器，電気機器の4業種である。本章では，製造業のサービス化に関し，前章までに述べてきたことをもとにサービス化への誘因と成果について仮説検証を行う。また，2012年の調査時からの傾向の変化についても確認する。

　製造業のサービス化は，企業全体の戦略と開発，営業・マーケティング，情報システムの複数部門が関わると想定されるため，経営企画，営業，研究開発，商品企画，情報システム系の各部門長を市販のデータベースから抽出し，郵送調査で回答依頼を行った。送付先企業数は409社，調査対象を1,457名としたところ，175社，341名から有効な回答を得た。企業単位で42.8％，個別回答単位

で23.4％の回収率である。複数部門から回答を得たものを平均値化した，企業
単位での回答を分析対象とすることにする。断りがない限りは，本調査とは
2016年末から2017年にかけて実施した調査のほうを指し，便宜上，2017年調査
と呼ぶ。

アンケート調査の項目を，**表３－１**に示す。調査の意図として，調査対象者
が自社の製品に関連するサービス提供の実態や顧客における成果をどのように
主観的に知覚，つまり自社の評価を行っているかの自己回答形式のデータ収集
を行っている。これらの項目を調査するために，複数の関連質問項目を用意し，
それらを測定尺度として分析に使用した。

回答が得られた175社のうち，業種別に見ると，機械62社（35％），精密機器
10社（7％），輸送用機器27社（15％），電気機器76社（43％）の内訳となって
いる。資本金別には，100億円以下の企業が94社（54％），100億円から999億円
の企業が65社（37％），1,000億円以上の企業が16社（9％）を占める。また取
り扱い商品について，BtoB取引向けとBtoC取引向けの区別に関しては，回答
企業の87％がBtoB取引企業という構成になっている。

表３－１■製造業のサービス化実態アンケート調査項目

1	主な販売先
2	競争優位の源泉に関する評価
3	主力製品に付随するサービスに関する評価
4	提供するサービス全般に関する評価
5	主要な顧客との関係に関する評価
6	提供するサービス面での主要な顧客との関係に関する評価
7	提供する製品・サービスの価値に関する評価
8	顧客企業に対する取り組みに関する評価
9	事業環境に関する評価
10	サービス面での組織体制に関する評価
11	情報システムに関する評価
12	営業成果に関する評価

第3章　製造業のサービス化の実態と戦略

1.2 業種による回答傾向の相違

まず業種ごとに回答傾向に違いがあるか確認を行った。対象とした4業種については，電気機器と比較して輸送用機器と精密機器は業績的に堅調であることを考慮し[2]，業種間の比較を統計的に行うことにした。多重比較分析を行ったところ，5％の有意水準で有意になったものを以下に示すことにする。

業界の環境変化についていかに捉えているかについては，「製品のコモディティ化のスピードの速さ」と「技術革新のスピードの早さ」について，4業種内で相違があり，機械と電気機器の業種の回答企業間で，後者のほうが，より意識が強いことが明らかになった[3]。表3−1の調査項目のうち，3の「主力製品に付随するサービスに関する評価」に関しては，製造業のサービス化を検討する上でサービス提供の実態を示すものであるため本調査において重要性を持つ。製品導入後の顧客へのトレーニングや検査・診断などの，製品中心のアフターセールス・サービスと呼ばれるサービス提供や，メンテナンス契約や製品使用に関するコンサルティングに関する顧客サポートと呼ばれるサービス提供については，輸送用機器は，機械，精密機器，電気機器ほど，提供を行っていないという結果が統計的に有意になった。このことは，輸送用機器に分類される回答企業のうち，自動車製造，自動車部品製造企業が約半数を占めることにも関連すると思われるが，製品導入後の検査や修理，メンテナンス契約についてかなり他業種と異なると思われ，製造業のサービス化を検証するために，製品や業界特性を考慮することが必要となるという示唆が得られた。

次節以下，サービス化への誘因，顧客戦略，成果について分析結果を示す。

2 製造業のサービタイゼーションへの誘因

2.1 製造業における製品の価値とサービス化志向

製造業がそのビジネスにサービスを統合していくことを，本書では製造業に

61

おけるビジネスのサービス化として広く捉えているが，本章では，「サービタイゼーション」に焦点を絞り，製造企業がサービタイゼーションを実践するようになる誘因についてアンケートデータをもとに検証を試みる。

サービタイゼーションの概念についてはさまざまに議論されてきている。顧客に焦点を当てた製品，サービス，サポート，ナレッジのマーケット・パッケージという考え方[4]や，製品から製品サービスシステムへとシフトすることで価値を創り出すイノベーションという捉え方[5]まで，広範囲な定義があるが，ここでは，製造企業が差別化につながるように，製品にサービスを統合してバンドルすることという考え方[6]を採用する。

製造業におけるサービスは，前章に述べてきたように，製品自体の設置や修理，製品使用に関するトレーニングなど，「製品サポート型のサービス」（SSP）と，顧客の業務に関わり，メンテナンス契約を結び，コンサルティングを行う，「顧客サポート型のサービス」（SSC）とがある。製品に付帯するサービスを提供することはいわば必須のことであり，製造企業にとってサービスを戦略的に捉えるということは，製品サポート型から顧客サポート型への移行を意味する。ただし，顧客サポート型といっても，例えばコールセンターの問い合わせ対応の改善にとどまっている場合は，サービスの強化・向上ではあっても，製品とサービスの統合という意味ではサービタイゼーションとは捉えられない。

IoTで想定するサービスの戦略性は，生産設備・機器にセンサーを埋め込み，通信技術を用いて生産設備・機器において生成される情報を他組織と共有し，納入した企業が収集し，遠隔制御や保守を行うことを指す。顧客の工場に納入した製造業者は自社製品の稼働自体のデータ入手が可能になり，デジタル化による制御や保守自体の効率化を行うのみならず，顧客が製品使用時におけるパフォーマンスを上げるようにコンサルティングを行い，それ自体が価値を生むものとして契約を行い，課金できることになる。

そこで，サービタイゼーションについて，前章で述べてきた「製品サポートサービス」（SSP）と「基本的な顧客サポートサービス」（SSC）とを区別し，製品とサービスの統合型バンドルであるという考え方に基づき，「製品とサー

62

ビスの一体化，サービスに関する設計構築，製品開発におけるサービス業務の考慮」ということを実践している場合に，サービタイゼーションを行っていると判断することにする[7]。

　製造業者がサービタイゼーションを進めるためには，まずイネーブラーとしての技術，具体的にはセンシング技術やICT自体を開発もしくは利用できる状況が前提となると考えられる。つまり，製造企業がサービタイゼーションを行うためには，前提として先端的な技術課題に従事していることが必要となってくると想定される。その上で技術革新を援用してサービスによる製品の差別化，つまりサービスの志向というものが生じると想定される。

　また，製造業である限り，技術をハードウェアとしての製品にしようとすることがまず基本としてあり，顧客に対して，製品の機能と性能が発揮されることで，製品を通じて顧客企業への価値を提供しようとすると考えられる。そこで，以下のことが仮説として考えられる。

H1：　製造企業の技術課題への取り組みは，顧客への製品価値提供と正の関係がある。

H2：　製造企業の技術課題への取り組みは，サービス化志向と正の関係がある。

　サービタイゼーションの方向性として，顧客へのソリューションを志向する場合に，物流やファイナンスなど顧客の業務プロセスを取り込む方向がある一方，提供物に技術的な調整を加えていくという方向性がある[8]。前章で述べたように，製品と技術との関係に着目すると，製造企業の競争優位の源泉は，個々の製品にではなく，技術にあると考えられる[9]。特に生産財企業においては，技術はその製品を製品として成り立たせる能力である[10]。提供側の製造企業は，技術的なノウハウをベースにして，顧客企業に対してカスタマイズしたソリューション提供を行うようになると考えられる[11]。そして，このカスタマイズ・ソリューションは，サービス化志向とサービタイゼーションに密接に関連すると考えられる。

そこで以下の仮説が導かれる。

H3： 製造企業の技術課題への取り組みは，顧客へのカスタマイズ・ソリューションと正の関係がある。

H4： サービス化志向は，顧客へのカスタマイズ・ソリューションと正の関係がある。

H5： カスタマイズ・ソリューションは，サービタイゼーションと正の関係がある。

　サービタイゼーションには，企業としてのサービス差別化による戦略志向や，サービス文化の醸成というものが影響を与えると思われる[12]。また技術課題への取組がサービタイゼーションへと展開されるには，サービス志向が醸成されていなければならないことも考えられる。そこで，仮説的には以下のことが考えられる。

H6： サービス化志向は，サービタイゼーションに直接的に正の関連性がある。

　また，技術的な取り組みに加え，顧客へのサービスを志向するときには，顧客とのビジネスプロセスの統合化を図ることが想定される。顧客との関係性があり，相互にやりとりをするルートや手段があり，情報収集や交換ができるということが，顧客への課題解決など，高度な顧客アプローチを可能にする条件として成り立っていると考えられる。

　企業組織内部で生成される情報は部門間で収集され，共有されることが必要となり，外部企業との協働においては，外部との情報共有がされなければならない[13]。サービタイゼーションは，技術を基盤として，顧客企業に対して顧客の業務プロセスへの考慮や，顧客からの情報収集に基づくサービス設計，さらに収集データに基づくコンサルティング提供というプロセスを含むため，ビジネスプロセスの外部統合自体が重要な役割を果たすと思われる。そこで，以下

第3章　製造業のサービス化の実態と戦略

のような仮説が形成される。

H7: サービス化志向は，ビジネスプロセスの外部統合と正の関係がある。

H8: ビジネスプロセスの外部統合は，サービタイゼーションと正の関係がある。

　また，製品を通じて顧客に価値を提供しようとする行動は，製品に関連するサービスを強化しようとする誘因につながると想定され，その観点からもサービス化志向へとつながると思われる。

H9: 顧客への製品価値提供は，サービス化志向と正の関係がある。

　一方，製品を通じての顧客への価値提供においても，こうしたビジネスプロセスにおける外部統合の実践は重要性を持つと思われる。また，サービス志向が顧客企業との情報共有を高め，製品価値提供を行う行動が，さらに顧客との情報共有行動につながることも想定される。そこで以下の仮説が形成される。

H10: 顧客への製品価値提供は，企業の外部統合と正の関係がある。

　仮説検証のために，前節で述べたアンケートデータを用い，構造方程式モデリング手法により分析を行った。この手法は，「外部統合」や「カスタマイズ・ソリューション」といった，仮説的に想定される概念を潜在変数として捉え，複数の質問項目により測定し，潜在変数どうしの影響を検証するものである。サービタイゼーションに，技術課題への取り組みや，顧客への製品価値など，想定される概念が影響要因として，どのように関連し合い，その影響はどの程度かの検証を行うことになる。

　アンケート質問項目と潜在変数との関係は**表3－2**（66頁）の操作定義表，分析結果は**図3－1**（67頁）と**表3－3**（68頁）に示される[14]。各質問項目は

表３－２■サービタイゼーションへの誘因モデルの操作定義表

サービス化志向	SD_1	顧客企業へのサービス提供全般について促進している。
	SD_2	新しいサービスの開発について積極的に推進している。
	SD_3	顧客への様々なサービス提供を重要課題と捉えている。
サービタイ ゼーション	Serv_1	自社製品にサービスを一体化した形で提供している。
	Serv_2	自社製品を顧客企業に導入する際，サービスを設計構築している。
	Serv_3	主力製品の開発段階で，顧客に提供するサービスの業務プロセスを考慮している。
技術課題への 取り組み	TC_1	業界的に，技術的実現が近いと予測される技術開発に携わっている。
	TC_2	業界的に，技術的実現がかなり先であると予測される技術開発に携わっている。
	TC_3	業界的に，我が国の戦略として重要視されている技術課題に取り組んでいる。
	TC_4	貴社は，我が国の戦略として重要視されている技術課題に取り組んでいる。
	TC_5	業界的に，技術的実現は予測されるが，社会的実現が遠いとされる技術課題に取り組んでいる。
	TC_6	貴社は，技術的実現は予測されるが，社会的実現が遠いとされる技術課題に取り組んでいる。
顧客への 製品価値提供	PD_1	主要な顧客企業に対し，優れた製品機能を提供している。
	PD_2	主要な顧客企業に対し，製品の信頼性を提供している。
	PD_3	主要な顧客企業に対し，安定的に製品の価値を提供している。
	PD_4	主要な顧客企業に対し，製品についての必要要件を実現している。
ビジネス プロセスの 外部統合	EI_1	ビジネス上の協力関係がある企業と高いレベルで業務運用手順が統合化されている。
	EI_2	自社と外部企業の間に効果的なコミュニケーション手段が複数あり，すべて有効に使われている。
	EI_3	ビジネス上の協力関係がある企業から生きた情報を獲得することができる手段がある。
	EI_4	自社とビジネス上の協力企業の従業員間で，専門的な交流がある。

カスタマイズ・ソリューション	CS_1	追加的な対応処理を伴う技術的ソリューションを顧客企業に対して行っている。
	CS_2	追加的なプログラミングを伴う技術的ソリューションを顧客企業に対して提供している。
	CS_3	追加的なエンジニアリングを伴う技術的ソリューションを顧客企業に対し提供している。
	CS_4	追加的なパーツの組み合わせによる技術的ソリューションを顧客企業に対し提供している。

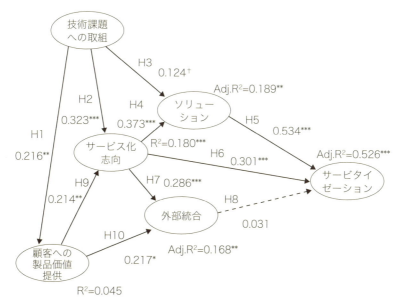

図3-1●サービタイゼーションへの誘因モデル

先行研究に基づいている（章末付録表，77頁を参照されたい）。

2.2 サービタイゼーションの誘因分析の結果

　分析結果からは次のことが明らかになった。まず仮説に関しては，「ビジネスプロセスの外部統合」が「サービタイゼーション」に正の関係を持つというH8の仮説を除いて，すべて統計的に有意となった。また最終的な被説明変数

表3－3■サービタイゼーション誘因モデル分析結果

	パス係数	t 統計量
技術課題への取組->顧客への製品価値（H1　支持）	0.216**	3.078
技術課題への取組->サービス化志向（H2　支持）	0.323***	3.814
技術課題への取組->ソリューション（H3　支持）	0.124†	1.691
サービス化志向->ソリューション（H4　支持）	0.373***	4.376
ソリューション->サービタイゼーション（H5　支持）	0.534***	7.108
サービス化志向->サービタイゼーション（H6　支持）	0.301***	4.212
サービス化志向->外部統合（H7　支持）	0.286***	3.408
外部統合->サービタイゼーション（H8　棄却）	0.031	0.519
顧客への製品価値->外部統合（H9　支持）	0.217*	2.435
顧客への製品価値->サービス化志向（H10　支持）	0.214**	3.146
有意水準　† p < 0.10,　* p < 0.05,　** p < 0.01,　*** p < 0.001		

　である「サービタイゼーション」の自由度修正済み決定係数は，0.53となっており，本モデル自体の説明力は比較的高いと言える。他の変数への自由度修正済み決定係数は図3－1の中に示す。

　さらに各潜在変数の間接的な効果についても**表3－4**に示す。これらの分析結果から次のことが述べられる。まず，「技術課題への取組」と「サービス化志向」には正の関係があること，「サービス化志向」が「サービタイゼーション」と正の関係があるということが，それぞれ0.1％水準で統計的に有意になった。「技術課題への取組」と「顧客への製品価値提供」に正の関係が見られるが（1％水準で有意），「技術課題への取組」の，「製品価値提供への影響力」を説明する決定係数は低く，有意となっていない。また，「技術課題への取組」が「サービス化志向」へと関係する場合に，「製品価値提供」が媒介する効果は，間接効果が総効果に占める割合（VAF）が100％ではなく，部分的なものにとどまっている。一方，「顧客への製品価値提供」の，「サービス化志向への影響」は1％水準で統計的に有意となっている。

　ここで言えることは，製造企業にとって，技術課題に取り組むことが企業の

表3−4■サービタイゼーション誘因モデルの間接効果検証

	総効果	直接効果	間接効果	VAF
技術課題への取組 -> サービス化志向	0.370***	0.323***	0.046*	12.5%
技術課題への取組 -> ソリューション	0.262***	0.124†	0.139**	53.0%
サービス化志向 ->サービタイゼーション	0.509***	0.301***	0.207**	40.6%
顧客への製品価値 -> 外部統合	0.277***	0.217*	0.060*	21.7%

　サービス化志向に与える影響は大きいが，製品の価値自体が100％前提となっているわけではないということである。「技術課題への取組」が，「カスタマイズ・ソリューション」に影響を与える点において，「サービス化志向」は部分的であるが，媒介効果を持っている。また，「サービス化志向」が「サービタイゼーション」に影響を与えると同時に，「カスタマイズ・ソリューション」が部分的に媒介効果を持つという結果になっている。製造企業がサービタイゼーションを実行しようとするとき，顧客のために技術的に微調整することでカスタマイズするということが，サービタイゼーションの実行へと影響を与えることが，限定的ではあるが明らかになった。

　「顧客への製品価値提供」は「ビジネスプロセスの外部統合」との正の関係が5％水準で統計的に有意になったが，それには「サービス化志向」が部分的に媒介するという結果になった。「ビジネスプロセスの外部統合」は重要性を持つと思われるが，「サービタイゼーション」には直接的な効果を持たず，顧客との意思伝達手段の共有や，業務運用手順が共通化しているからといってサービタイゼーションが行われるわけではなく，むしろサービス化の志向が強く働かなければならないことが確認されたと言える。

3 製造業のサービス化の業績への影響

3.1 調査概要

　前節では，製造業のサービス化には，製造業としての技術開発への取り組みや，顧客への製品価値の提供，サービス化志向が影響することが明らかになり，また顧客へのカスタマイズ・ソリューションと顧客企業との情報交換やコミュニケーションを通じたビジネスプロセスの統合の高さがサービタイゼーションに正の影響を与えることが検証された。

　本節では，製造業がサービス化することが，企業の売上や収益といった業績に正の影響を与えるのか，またサービス化自体が売上に貢献するかについて検証することにする。

　製造企業としての業績を，主力製品の過去3年間の売上，収益，市場シェア，さらに顧客内シェアとして多面的に捉え，統合したものを業績として扱うことにした。また，サービスに関しては，サービスの売上全体に占める割合の拡大，市場シェア拡大への貢献度，製品とサービスの組み合わせ販売機会の増加という点で捉え，サービスのビジネスにおける貢献度を測定することにした。

　企業全体としての業績と，サービスの貢献度のそれぞれに対して，「技術課題への取組」や，「顧客への製品価値の提供」，「サービス化志向」や「サービタイゼーション」等がどのように影響を与えるかについて，さらに顧客への戦術的なアプローチや，製造企業側が価値につながると主観的に捉えている顧客価値も考慮することにした。具体的なアプローチ手法や，顧客にとっての価値を意識した行動が営業業績に結びつくと想定されるからである。サービス化志向や実際に技術を援用してサービタイゼーションを行えるかは，業界特性や企業規模も影響すると思われるため，コントロール変数として業種ダミーと，資本金を額に従って十段階に分けた測定項目を分析に用いることにした。またサービス提供組織について，サービスを独立した部門として自社内に置いてい

るか，あるいはサービスを子会社化して提供しているか，サービス自体をアウトソーシングしているかの傾向についても併せて分析することにした。

測定項目自体は，**表３−５**に示されるが，アンケートで複数の質問として聞いているため，因子分析にかけて潜在変数化し，また企業の業績やサービスに関しても売り上げや収益としてそれぞれへの評価を行うのでなく，企業業績や

表３−５■製造業のサービス化と業績の測定項目

顧客価値 （適時性）	CVt_1	顧客企業が製品サービスを市場に適切なタイミングで投入することに役立っている。
	CVt_2	顧客企業の製品サービスを製造するサイクルタイムを向上するのに役立っている。
	CVt_3	顧客企業の製品サービスを市場により早く投入するのに役立っている。
顧客価値 （不確実性低減）	CVi_1	顧客企業に対し，新製品開発の支援を行っている。
	CVi_2	顧客企業に対し，技術的な不透明さを低減している。
	CVi_3	顧客企業に対し，市場の不透明さを低減している。
顧客アプローチ	CA_1	顧客の事業を理解するための適切な情報収集をしている。
	CA_2	顧客のビジネス上の課題に結び付けて具体的な提案をしている。
	CA_3	顧客に特定した問題を解決するための専用のツールがある。
	CA_4	主要な経営課題について顧客企業の意思決定者と対話している。
	CA_5	顧客の問題や特定ニーズを識別するためのパターン化を行っている。
企業業績	CP_1	主力製品の過去３年間の売り上げは良好である。
	CP_2	主力製品の過去３年間の収益は良好である。
	CP_3	過去3年間で主力製品のマーケットシェアが拡大している。
	CP_4	顧客内に占める自社の販売割合（顧客内シェア）が拡大している。
サービス 貢献度	SR_1	主力製品の関連サービスは，売り上げ全体に占める割合が拡大している。
	SR_2	サービスが，売上および市場シェア拡大に貢献している。
	SR_3	自社製品にサービスを組み合わせて販売する機会が増加している。

サービス貢献度といった因子として捉え，これら因子得点を変数として用いることにした[15]。具体的には，企業業績とサービス貢献とをそれぞれ被説明変数とし，関連すると思われる潜在変数群を説明変数として重回帰分析を行った。結果は**表３－６**に示される。

表３－６■製造業のサービス化の業績への影響分析結果

	標準誤差	標準化係数	t検定量	標準誤差	標準化係数	t検定量
技術課題への取組	.073	.167*	2.280			
顧客アプローチ						
顧客への製品価値提供				.064	.230***	3.764
顧客価値（不確実性削減）	.074	.190**	2.608			
顧客価値（適時性）						
ビジネスプロセスの外部統合	.077	.219*	2.987			
サービス化志向				.065	.208***	3.366
サービタイゼーション				.071	.314***	4.545
業界ダミー（機械）						
業界ダミー（精密機器）	.312	.163*	2.202			
業界ダミー（輸送用機器）						
業界ダミー（電気機器）						
資本金（10分類）						
サービス組織				.035	.271***	3.821
サービス子会社						
サービスアウトソース						
従属変数		企業業績			サービス貢献度	
R^2		.141			.402	
Adj.R^2（自由度修正済み決定係数）		.120			.387	
有意水準　* p< 0.05，　** p< 0.01，　*** p< 0.001						

3.2 製造業のサービス化へ業績に関する分析結果

　製造業のサービス化が企業の業績に影響を与えているかについては，サービタイゼーションの前提となる，「技術課題への取組」が有意となった（5％水準で有意）。また，「顧客価値（不確実性低減）」が提供されていることが業績に正の影響を与えていることが明らかになった（1％水準で有意）。さらに，「ビジネスプロセスの外部統合」が正の影響を与えていることが検証された（5％水準で有意）。業種に関しては，サンプル数が少ないが，精密機械が有意となった。

　また，「サービス化志向」や「サービタイゼーション」自体の変数は有意な結果にならなかった。この結果からは，製造業者としては，技術課題への取り組みを積極的に行うことや，技術的にリードし，開発支援をすることにより，顧客に対して技術や市場における不確実性を低減していくことが顧客に価値となり，それが業績につながると解釈することができる。また顧客との情報共有や業務手順の共有など，ビジネスプロセスの統合を進めていくことが業績に反映される結果となった。

　しかしながら，サービス自体は製造物の売上と比較すると規模が小さい点がまず考えられるが，対象となった製造企業にとって，企業全体の売上や収益にまだそれほどサービスが貢献しているとは言い難い状況であると解釈できる。

　一方，サービスの業績に対する貢献度に関する分析結果を見てみると，本調査分析からは，「サービス化志向」と「サービタイゼーション」の実行がサービスの貢献度において正の影響を与えていることが明らかになった（それぞれ0.1％水準で有意）。また，「顧客への製品価値提供」が有意（0.1％水準）になっているということから，サービスそれ自体の提供の質が貢献するというより，製造業としてやはり製品を通じた価値提供がサービスへの業績貢献になるということがあらためて主張できよう。

　サービス化を戦略的に推進するにあたり，組織的にサービス部門をどう位置づけるかはこれまでに研究されてきているが[16]，本調査では，子会社化やアウ

トソーシングよりも，自社内で独立したサービス部門を持っていることがサービスの業績貢献度に影響を与えることが明らかになった（0.1％水準で有意）。

4 2012年実施調査との比較

　前回2012年に実施したときと本調査との両方において回答が得られた企業が101社あり，共通の質問項目において比較を行い，この5年間の製造業のサービス化に関連する事象，顧客関係等の変化とを捉えることにした[17]。

　2012年調査と2017年調査の回答企業群の平均値を比較した（t検定を行った結果は巻末付録表（77頁）に示す）。両時点で調査しているが，競争環境に関する質問に関しては，回答企業の認識として，主力製品を取り巻く環境として，技術革新の速さと製品自体の成熟期，製品開発の頻繁さの認識について有意となっており，競争の激しさが増している傾向が確認された。一方，サービス提供に関しては，アフターサービスや顧客サポートサービスに加え，サービス開発等に統計的な有意差は見られなかった。

　2012年時の調査との比較上，有意になっているのは，顧客関係のあり方である。「自社が顧客との関係上，他社と代替困難になっている」という質問項目，また「顧客に対して市場の不透明性を削減している」という質問項目でも2017年調査のほうがむしろ平均値が低いという結果が5％水準で有意となった。

　これらの結果から，BtoB企業間関係において，顧客関係が安定的であれば，市場自体の予測可能性も高まることが想定されるが，技術革新や変革のスピードから，市場が不透明であり，顧客との関係性において互いに代替性が起こりえると考えているという解釈が可能である。

　一方で，「顧客企業の時間節約や調整など，業務プロセスに関する管理を行っている」という回答についての平均値の比較では，2017年度調査のほうが多いという結果が5％水準で統計的に有意となっており，「顧客から生きた情報を得る手段がある」という回答が多くなっていることも1％水準で有意となっている。製品の提供価格面では，低価格での提供は負の結果が10％水準で

第 3 章　製造業のサービス化の実態と戦略

有意となっており，前回よりも低価格志向が弱まっていることが推察される。

　業績の観点から言えば，2017年度調査では，過去 3 年間の売上と収益に関しては良くなっているという回答が前回より多く見られるが，製造業の業績には為替や原材料の市況など，戦略的にコントロールしがたい要因が影響を与える。「業務運用コストが低減している」という回答についてはむしろ2017年調査の回答群の平均値が低いことが 1 ％水準で有意となっている。これらの結果から，安定的ではなくなってきている顧客関係下で，顧客の業務への関わりなど，むしろ，顧客企業に対して行うことがかなり増えてきているのでないかという解釈が起こりえる。

　従来の継続的関係性に基づき，サービスを強化して製品とサービス面でのトータルな評価で，取引関係を維持しようとすることだけに頼ることはできず，顧客の業務に関わりつつ顧客からの情報収集や共有を図り，その上で製品自体にサービスを開発段階から組み込み，進化したサービス統合型の製品共有をしていくことが，製造企業にとって新たなチャンスを開くはずである。

注

1　調査対象選定については，株式会社ダイヤモンドの提供する管理職・役員情報検索サービスを利用し，条件に当てはまる部署，役職を選出した。

2　財務省「法人企業統計」による。

3　業種を要因とする，一元配置分散分析を行い，多重比較を行った。等分散の検定を行った結果により，Tukey HSDとGames-Howell検定を行った。5 ％の有意水準になった質問項目を本文中に記述している。

4　前掲 Vandermerwe, S. and J. Rada (1988).

5　Baines, T., Lightfoot, H., Peppard, J., Johnson, M., Tiwari, A., Shehab, E. and M. Swink (2009) "Towards an operations strategy for product-centric servitization", *International Journal of Operations & Production Management*, 29 (5), pp. 494-515.

6　Robinson, T., Clarke-Hill, C. and R. Clarkson (2002) "Differentiation through service: a perspective from the commodity chemicals sector", *The Service Industries Journal*, 22 (3), pp. 149-166.

7　以下のサービス分類を参考にした。

75

Gebauer, H.（2008）"Identifying service strategies in product manufacturing companies by exploring environment-strategy configurations", *Industrial Marketing Management*, 37 (3), pp. 278-291.

8 Matthyssens, P. and K. Vandenbempt（2008）"Moving from basic offerings to value-added solutions: strategies, barriers and alignment", *Industrial Marketing Management*, 37 (3), pp. 316-328.

9 前掲 Pfeffer, J. and G. Salancik（1978）.

10 前掲 Ford *et al.*（2003）.

11 Li, L.（2011）"Marketing of competence-based solutions to buyers in exploratory relationships: Perspective of OEM suppliers", *Industrial Marketing Management*, 40 (7), pp.1206-1213.

12 前掲 Gebauer（2008）.

13 Chang, H. and C., Wang（2011）"Enterprise information portals in support of business process, design teams and collaborative commerce performance", *International Journal of Information Management*, 31 (2), pp. 171-182.,

14 構造方程式モデリングは構造方程式と測定方程式を統合した，潜在変数どうしの関係を分析する統計的手法である。分析を行うのにあたり，Smart PLS ver.3のソフトウェアを用い，最小二乗法により推定を行った。
SmartPLS: Ringle, C., Wende, S., and J.Becker（2015）"SmartPLS 3." Boenningstedt: SmartPLS GmbH, http://www.smartpls.com.
分析の手続きとして，潜在変数の因子負荷量，観測変数どうしの関連性と潜在変数どうしの弁別性をFornell and Larckar（1981）基準に従い，チェックした。因子負荷量はすべて0.7以上，信頼性係数は0.7以上，AVEは0.5以上の基準を満たしている。また，ブートストラップを5,000回行い検定を行った。Fornell, C. and D. Larcker（1981）"Evaluating Structural Models with Unobservable Variables and Measurement Error", *Journal of Marketing Research*, 18 (1), pp.39-50.

15 因子分析の結果は下記に示される。主因子法により因子抽出，バリマックス回転後の負荷量を分析した。潜在変数のうち，「顧客価値」については，Ulaga and Eggert（2006）を参考にした。「顧客アプローチ」については，Gebauer（2008）を参考にした。Ulaga, W. and A. Eggert（2006）"Value-based differentiation in business relationships: Gaining and sustaining key supplier status", *Journal of Marketing*, 70 (1), pp. 119-136.

16 サービスの組織戦略については，例えば Kucza, G. and H. Gebauer（2011）"Global approaches to the service business in manufacturing companies", *Journal of Business & Industrial Marketing*, 26 (7), pp. 472-483. がある。

17 回答部署や回答者は同一ではない。

【章末付録】

表①製造業のサービス化に関する 2012 年と 2017 年調査の比較

		2017年調査		2012年調査			
		平均値	標準偏差	平均値	標準偏差	t 値	p 値
貴社の動向についてお聞きします							
a-1	主力製品について同業他社との差別化ができている	4.64	1.05	4.45	1.17	1.23	0.22
a-2	主力製品について技術革新のスピードが速い。	4.74	1.16	4.56	1.39	0.95	0.34
a-3	主力製品分野の製品開発を頻繁に行っている。	5.3	1.08	5.24	1.07	0.41	0.69
a-4	主力製品のライフサイクルタイムが成熟期にある。	5.08	1.21	4.87	1.14	1.26	0.21
a-5	顧客企業へのサービス提供全般について促進している。	5.46	0.99	5.49	1.07	−0.27	0.79
a-6	新しいサービスの開発について積極的に推進している。	5.1	1.09	4.96	1.27	0.87	0.38
貴社の主力製品に関連するサービスについてお聞きします							
b-1	自社製品を顧客企業に導入後,製品の使用について顧客企業に基本的なトレーニングを行っている。	5.24	1.69	5.49	1.52	−1.11	0.27
b-2	自社製品を顧客企業に導入後,検査や診断を行っている。	5.58	1.39	5.62	1.32	−0.21	0.83
b-3	顧客企業と自社製品についてのメンテナンス契約を結んでいる。	4.86	1.49	4.81	1.64	0.25	0.8
b-4	自社製品を最適に使えるように,顧客に助言をしている。	4.68	1.61	4.79	1.56	−0.48	0.63
b-5	自社製品に関する顧客の使用プロセスについて,コンサルティングを行っている。	4.14	1.66	4.35	1.73	−0.87	0.38

b-6	自社製品を顧客企業に導入する際，サービスを設計構築している。	5.37	1.15	5.43	1.07	−0.36	0.07
b-7	顧客企業に自社製品を設置し，レンタルリースの形で販売している。	4.09	1.38	4.05	1.43	0.2	0.84
b-8	顧客企業内に製品を設置することなく，自社製品の持つ機能を提供している。	2.45	1.23	2.41	1.59	0.16	0.87
b-9	主力製品の開発段階で，顧客に提供するサービスの業務プロセスを考慮している。	4.54	1.41	4.43	1.46	0.54	0.59
b-10	追加的な対応処理を伴う技術的ソリューションを顧客企業に対し提供している。	4.42	1.39	4.14	1.6	1.3	0.2
b-11	追加的なプログラミングを伴う技術的ソリューションを顧客企業に対し提供している。	4.06	1.46	3.95	1.59	0.5	0.62
b-12	追加的なエンジニアリングを伴う技術的ソリューションを顧客企業に対し提供している。	4.29	1.49	4.24	1.48	0.24	0.81
b-13	追加的なパーツの組み合わせによる技術的ソリューションを顧客企業に対し提供している。	4.09	1.52	4.1	1.45	−0.05	0.96
貴社と顧客企業との関係についてお聞きします							
c-1	主要な顧客企業の問題点を把握しやすい。	4.82	0.96	5.06	0.8	−1.92	0.06
c-2	主要な顧客企業の課題について比較的自由に討議しやすい。	4.85	1.033	5.01	0.94	−1.14	0.26
c-3	主要な顧客企業にとって自社は他社と代替が困難である。	3.93	1.151	4.26	1.14	−2.02	0.04*
c-4	主要な顧客企業にとって自社の製品はお得感がある。	4.27	0.961	4.27	0.92	0.04	0.97
c-5	主要な顧客企業に自社の製品を低価格で提供している。	3.83	1.177	4.1	1.12	−1.68	0.09

c-6	主要な顧客の製品への広い範囲の要求をすべてカバーしている。	4.47	1.21	4.5	1.13	−0.2	0.85
c-7	主要な顧客企業に対し，優れた製品機能を提供している。	5.49	0.92	5.59	0.64	−0.92	0.36
c-8	主要な顧客企業に対し，製品の信頼性を提供している。	5.86	0.62	5.8	0.63	0.4	0.69
c-9	主要な顧客企業に対し，安定的に製品の価値を提供している。	5.8	0.57	5.68	0.65	1.42	0.16
c-10	主要な顧客企業に対し，製品についての必要要件を実現している。	5.73	0.63	5.76	0.59	−0.32	0.75
c-11	主要な顧客は，自社の存在により他の取引先に対する依存度を下げている。	4.62	0.79	4.64	0.85	−0.17	0.86
貴社が顧客企業に提供している価値についてお聞きします							
d-1	自社の製品サービスが，顧客の問題を明確にさせている。	4.52	1.03	4.55	1.14	−0.17	0.86
d-2	自社の製品サービスにより顧客の問題を解決している。	5.31	0.87	5.14	1.05	1.21	0.23
d-3	顧客企業が製品サービスを市場に適切なタイミングで投入することに役立っている。	5.04	1	5.08	1.15	−0.28	0.78
d-4	顧客企業の製品サービスを製造するサイクルタイムを向上するのに役立っている。	4.74	1.2	4.76	1.18	−0.12	0.9
d-5	顧客企業の製品サービスを市場により早く投入するのに役立っている。	4.68	1.18	4.83	1.1	−0.94	0.35
d-6	顧客企業が求める情報や知識に対して，より良いアクセス方法を提供している。	4.32	1.1	4.54	1.14	−1.35	0.18
d-7	顧客企業に対して，現有製品サービスの品質性能を向上させるノウハウ提供をしている。	4.62	1.07	4.51	1.15	0.72	0.47

d-8	顧客企業に対し，イノベーション創出に役立っている。	4.19	1.13	4.4	1.22	−1.23	0.22
d-9	顧客企業に対し，新製品開発の支援を行っている。	4.17	1.46	4.38	1.35	−1.05	0.3
d-10	顧客企業に対し，技術的な不透明さを低減している。	4.31	1.27	4.5	1.16	−1.11	0.27
d-11	顧客企業に対し，市場の不透明さを低減している。	3.57	1.11	3.92	1.1	−2.24	0.03**
貴社の顧客企業に対する具体的な取り組みについてお聞きします							
e-1	自社のコンサルティングにより，顧客の問題解決をしている。	4.27	1.25	4.31	1.39	−0.23	0.82
e-2	顧客の事業を理解するための適切な情報収集をしている。	5.3	0.98	5.26	0.84	0.31	0.75
e-3	顧客のビジネス上の課題に結び付けて具体的な提案をしている。	5.06	0.98	5.21	0.93	−1.16	0.25
e-4	顧客に特定した問題を解決するための専用のツールがある。	3.94	1.27	3.89	1.37	0.25	0.8
e-5	主要な経営課題について顧客企業の意思決定者と対話している。	4.69	1.3	4.86	1.22	−0.96	0.34
e-6	顧客企業に自社の製品サービスがもたらす経済的価値を特定化し，検証している。	4.36	1.14	4.35	1.14	0.05	0.96
e-7	自社の持つ情報や知識ノウハウを顧客企業に移転している。	4.11	1.11	4.2	1.26	−0.55	0.59
e-8	顧客の問題や特定ニーズを識別するためのパターン化を行っている。	4	1.1	4	1.19	0.02	0.99
e-9	顧客企業の環境に適合するように製品とサービスを組み合わせながら，製品の設計や改良，選定においてカスタマイズを行っている。	5.01	1.11	5.29	0.95	−1.87	0.06*

e-10	顧客の感じるリスクを減らすために，自社の経験や能力をデモンストレーションしている。	4.96	0.99	5.03	1.05	−0.5	0.62
e-11	顧客企業の時間節約や調整などのため，業務プロセスの管理を行っている。	3.91	1.16	3.54	1.46	2.02	0.05**

情報システムによる他社様との関係についてお聞きします

f-1	顧客と簡単に自社のデータを共有できる。	3.04	1.27	2.94	1.14	0.57	0.57
f-2	自社の情報システムは，顧客のシステムとうまく統合している。	3	1.25	2.93	1.18	0.45	0.66
f-3	ビジネス上の協力関係がある企業と高いレベルで業務運用手順が統合化されている。	3.22	1.25	3.18	1.16	0.22	0.83
f-4	自社と外部企業の間に効果的なコミュニケーション手段が複数あり，すべて有効に使われている。	3.76	1.19	3.52	1.09	1.46	0.15
f-5	ビジネス上の協力関係がある企業から生きた情報を獲得することができる手段がある。	4.46	1.17	3.99	1.14	2.95	0***
f-6	自社とビジネス上の協力企業の従業員間で，専門的な交流がある。	4.54	1.23	4.28	1.23	1.46	0.14
f-7	自社と顧客間で業務プロセスの統合度が高く，そのため，もし自社のサービスが劣った場合，顧客のビジネスに悪影響を与える。	3.84	1.4	3.64	1.45	0.98	0.33
f-8	自社のサービスを止めた場合，顧客は問題を早急に解決できない。	4.77	1.22	4.61	1.24	0.96	0.34

	貴社の業績についてお聞きします						
g-1	主力製品の過去３年間の売り上げは良好である。	4.9	1.07	4.4	1.18	3.16	0***
g-2	主力製品の過去３年間の収益は良好である。	4.74	1.15	4.25	1.12	3.05	0***
g-3	過去3年間で主力製品のマーケットシェアが拡大している。	4.27	0.96	4.29	0.94	−0.12	0.91
g-4	主力製品の関連サービスは，売り上げ全体に占める割合が拡大している。	4.3	1.17	4.35	1.08	−0.37	0.71
g-5	サービスが，売上および市場シェア拡大に貢献している。	4.56	1.21	4.5	1.15	0.33	0.74
g-6	顧客内に占める自社の販売割合（顧客内シェア）が拡大している。	4.2	1.01	4.36	0.71	−1.28	0.2
g-7	貴社の業務運用コストが低減している。	3.72	0.96	4.12	0.95	−3	0
g-8	生産を含む業務全体の生産性が上がっている。	4.36	0.82	4.33	0.82	0.32	0.75

表②サービタイゼーションへの誘因モデルの潜在変数間の相関

	1	2	3	4	5	6
1. ビジネスプロセスの外部統合	0.787					
2. 顧客への製品価値提供	0.292	0.852				
3. サービス化志向	0.340	0.276	0.843			
4. サービタイゼーション	0.245	0.162	0.534	0.851		
5. カスタマイズ・ソリューション	0.207	0.170	0.416	0.666	0.886	
6. 技術課題への取組	0.444	0.206	0.365	0.317	0.259	0.837

対角線上は，Fornell & LarckarのAVE，下の数値は偏相関係数を表す。

第3章　製造業のサービス化の実態と戦略

表③サービタイゼーションへの誘因モデルの操作定義表

構成概念	変数名	因子負荷量	信頼性，弁別妥当性評価	出所
サービス化志向	SD_1	0.803	α 0.794	Gebauer（2008）
	SD_2	0.901	CR 0.880	
	SD_3	0.818	AVE 0.710	
サービタイゼーション	Serv_1	0.835	α 0.808	Gebauer（2008）
	Serv_2	0.902	CR 0.887	
	Serv_3	0.810	AVE 0.724	
技術課題への取り組み	TC_1	0.770		2010年3月発表，文部科学省科学技術政策研究所科学技術動向研究センター発行『NISTEP REPORT No.140，「将来社会を支える科学技術の予測調査第9回デルファイ調査」』を参考
	TC_2	0.800	α 0.914	
	TC_3	0.841	CR 0.933	
	TC_4	0.848	AVE 0.701	
	TC_5	0.882		
	TC_6	0.864		
顧客への製品価値提供	PD_1	0.822	α 0.876	Ulaga and Eggert（2006）
	PD_2	0.881	CR 0.914	
	PD_3	0.865	AVE 0.727	
	PD_4	0.832		
ビジネスプロセスの外部統合	EI_1	0.771	α 0.800	Chang and Wang（2011）
	EI_2	0.824	CR 0.866	
	EI_3	0.758	AVE 0.619	
	EI_4	0.774		
カスタマイズ・ソリューション	CS_1	0.899	α 0.908	Li（2011）
	CS_2	0.859	CR 0.936	
	CS_3	0.917	AVE 0.785	
	CS_4	0.863		

表④製造業のサービス化と業績モデルの変数の因子分析－1

	因子								共通性
	技術課題取組	顧客アプローチ	製品価値提供	顧客価値不確実性低減	外部統合	顧客価値適時性	サービス化志向	サービタイゼーション	
SD_1	.078	.124	.210	.207	.117	−.095	.573	.257	.525
SD_2	.228	.161	.117	.066	.093	.017	.711	.269	.683
SD_3	.206	.064	.095	.008	.029	.125	.594	.275	.500
Serv_1	.107	.028	.116	.066	.018	−.124	.184	.727	.608
Serv_2	.139	.020	.163	−.026	.029	−.085	.298	.753	.711
Serv_3	.127	.029	.302	.000	.086	.035	.378	.509	.519
PD_1	.091	.647	.199	.087	.092	.022	.078	.195	.528
PD_2	.096	.829	.102	.030	.086	.058	.139	.009	.737
PD_3	.057	.827	.163	.096	.117	−.063	.071	−.064	.750
PD_4	−.021	.794	.204	.134	−.003	.097	.014	−.014	.700
CVt_1	.100	.140	.178	.775	.103	.155	.041	.066	.703
CVt_2	.152	.088	.130	.738	−.018	.143	.092	−.003	.621
CVt_3	.137	.106	.079	.845	.107	.242	.067	.004	.825
CVi_1	.136	.073	.085	.211	.082	.792	.017	−.032	.710
CVi_2	.043	.079	.090	.164	.028	.819	−.040	−.025	.717
CVi_3	.093	−.045	.162	.106	.043	.659	.075	−.095	.498
CA_1	.132	.272	.647	.107	.244	.100	.005	.118	.605
CA_2	.056	.269	.679	.136	.141	.178	.088	.046	.616
CA_3	.234	.097	.548	.072	.065	.081	.185	.142	.434
CA_4	.080	.165	.622	.143	.239	.186	.065	.120	.551
CA_5	.222	.134	.517	.095	.068	−.014	.228	.192	.438
TC_1	.622	.151	.059	.095	.267	.069	.049	.131	.518
TC_2	.624	.145	.022	.069	.309	.119	.199	.069	.570
TC_3	.856	−.016	.097	.092	.048	.033	−.027	.191	.791
TC_4	.844	−.024	.128	.102	.064	.056	.024	.188	.783
TC_5	.800	.038	.200	.076	.074	.101	.242	−.064	.766
TC_6	.755	.057	.209	.115	.129	.054	.290	−.054	.737
EI_1	.193	.059	.257	.044	.597	.058	.317	−.142	.589
EI_2	.080	.094	.223	.186	.725	.019	.260	−.046	.695
EI_3	.260	.070	.154	−.009	.762	.015	−.166	.112	.717
EI_4	.287	.158	.111	.015	.528	.175	.007	.299	.519
固有値	8.687	3.126	2.823	2.089	1.780	1.476	1.300	1.195	
累積寄与率(%)	28.023	38.106	47.214	53.952	59.693	64.453	68.648	72.503	

第3章　製造業のサービス化の実態と戦略

表⑤製造業のサービス化と業績モデルの変数の因子分析－2

	因子			共通性
	企業業績	サービス貢献度	生産性向上	
CP_1	.898	.063	.108	.822
CP_2	.868	.055	.096	.766
CP_3	.718	.261	.138	.603
CP_4	.554	.338	.185	.454
SR_1	.321	.562	.105	.429
SR_2	.243	.854	.016	.789
SR_3	－.046	.642	.223	.463
Pro_1	.043	.149	.686	.495
Pro_2	.298	.109	.825	.782
固有値	3.834	1.560	1.270	
累積寄与率（％）	42.6	59.9	74.0	

業績についても同様に，主因子法による因子抽出を行い，バリマックス回転をかけ分析を行ったが，抽出された3つの因子のうち，「生産性向上」に関わる因子については，今回分析の対象からは外した。

85

第4章

製造業のサービス化と情報通信サービス

1 製造業におけるサービス化とICT

　製造業のサービス化には技術革新，とりわけ先端的なICTが深く関わっている。本章では，ICTの進展とともに，その特徴がどのようにビジネスへ影響を与えるのか触れることにする。

　現在，技術の劇的な進展に伴い，企業には先端的なICTを，開発や生産，供給体制，市場アプローチ等，多様な領域において取り入れようとする動きが加速している。この背景には，ICTが企業の競争優位につながるという考えがある。ICTは，企業内部にすでに存在している資源や能力を新たに活性化する役割を持ち，企業にとって競争的な価値を生み出すという見方がある[1]。本書では，ICTをビジネスの資源として捉えるが，ヒト・モノ・カネのような経営資源とは異なり，直接的にビジネス・システムに投入されて効果を持つというより，むしろ企業の持つ資源を有効化，活発化させる間接的な役割を持つものとして捉える。

　製造業のサービス化は，単にサービス部門をビジネス・ユニットとして独立させることや，製品とサービスを組み合わせてパッケージ化することでもない。顧客の要望，あるいはまだ顕在化していないニーズに応えるために，製品と

87

サービスを統合し，個々の顧客へのソリューションを提供することが目的となる。しかし「製品とサービスの統合」という意味は，単に既存の製品とサービスとを組み合わせることを意味しない。企業が持つ技術に着目し，その技術を含めたサービスを，有形の製品に統合すること，それを顧客企業ごとにカスタマイズしたソリューションとして提供することである。ここで企業の持つ技術と製品・サービスを統合し，協働させるためのイネーブラー（enabler）としてのICTの役割が着目される。

本章では，まずICTイネーブラー論を整理した後，ICTの技術的変遷の概略を示し，現在新しい段階に来ているICTの技術的特徴を検討する。こうした技術的特徴がどのようにビジネスに影響を与えるのか，特に新たなICTのステージにおける中核的な技術である人工知能（Artificial Intelligence：以下AI）およびIoT（Internet of Things：以下IoT）に関して説明し，これらの製造業への適用について議論をする。

2 ICTイネーブラー議論

ICTのビジネスにおける効果は，直接的には情報システムとして調達活動やさまざまな事務処理コストを削減すること，情報へのアクセス可能性を向上させ，意思決定の質を向上させることなどがある。どの効果を期待するにせよ，高度にICTを情報システムとして使いこなすことで，主に企業内のオペレーションの効率化を実現しようとする意図がある。効率化は企業のパフォーマンスとして目に見えやすいが，そのためにむしろITシステムの効率化が業績に反映されない場合，投資効率に疑問が持たれたりすることになる。

一方，ICTの持つ間接的効果は，数値で定量化して示すことが難しく，目に見えないメリットに着目することになる。例えばカスタマー・サービスや営業成績の向上，企業活動の市場への反応性の向上，サプライチェーンでの企業間の緊密な関係性管理などが挙げられる。

経営に対する直接的な影響のみ着目すると，ICTはヒト・モノ・カネなど他

第4章　製造業のサービス化と情報通信サービス

の資本と異なり，ICTそれ自体では価値を創り出すことができない。むしろ，組織内，組織間の他の資源を統合，あるいは協働する機能により，バリュー・チェーンの中で価値を創り出すものである。そこでICTについて，他のリソースを機能させる手段として捉える考え方は，ICTイネーブラー議論と総称され，以下に示すICTの役割を強調する。

（1）　Mediator（仲介者）：企業が顧客情報を収集する，あるいは顧客とのコミュニケーションを仲介する役割。

（2）　Facilitator（促進者）：より大量で多様な情報を収集・分析する能力を促進する役割。

（3）　Platform（プラットフォーム）：新たなビジネスを産み出すための基盤としての役割。例えば，ソーシャルネットワークサービス（SNS）やクラウドコンピューティングサービスのように，情報システム自体がサービス提供の基盤となる。

　ICTが上記の役割を果たすことにより，ICTを利用する組織が（a）統合化，（b）協同化，（c）高度な情報処理，を行うことができるようになる（次頁図4－1）。ICTの統合化機能（a）とは，組織間を繋ぎ，一体化する役割である。例えば企業間の受発注システムなど，販売・供給する企業と顧客企業との両者の業務プロセスがICTにより接続されることにより，受注，発注に関する手続き的な業務の効率化が実現される。

　また，ICTにより組織間の関係を密接にすることで協働関係が実現される（b）。これは研究開発やサプライチェーン・マネジメント領域で，共同研究開発促進や，効率的な需給整合など，より高度な業務の協働が可能になることを示す。これが可能なのはICTにより，相互の専門集団が生きたデータをやりとりすることで，①交流の促進，②モニタリング，③業務の質のコントロールや，④業務改善などのガイダンス，が活性化されるからである。

　例えばサプライチェーンの構築において，通信ネットワークで企業間を繋ぎ，

89

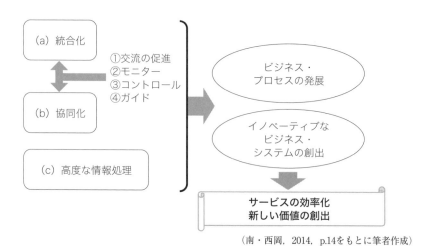

（南・西岡，2014，p.14をもとに筆者作成）

図4−1●サービス・イノベーションにおけるICTの役割

各々のデータを相互利用し、受発注システムを一本化するだけでなく、協同して需要予測を行い、在庫補充システムを構築するということがICTによって可能となる。さらに、ICTは情報集約的であり、高度な処理と分析を可能にしてきている (c)。

　この3つのイネーブリング機能、「統合化」、「協同化」、「高度な分析処理」を利用することで、ICTは、「ビジネスプロセスの変革」と、「イノベーティブなビジネス・システムの創出」が起こすことができる（図4−1）。

　ビジネスプロセスの変革とは、ある営業所の営業活動や工場のオペレーションが改善されるといった局所的な改善だけでなく、サプライチェーン全体のマネジメントが大きく変わることを意味する。製造と供給における諸活動が、連携できるように再設計されることで、個々の活動においても異なる業務方法が導き出され、結果として、サプライチェーンの効率化の点で大きな成果が表れてくる。さらにはICTシステムにより、異なる職能が統合され、職域と個々のビジネス領域の境界が拡大することも起こる。例えば物流、生産、マーケティング部門の連携が活性化されることにより、サプライチェーン・マネジメントの領域と、マーケティング領域のCRM（顧客関係管理）活動とが統合される

といったことが起こる[2]。

ERP（Enterprise Resource Planning）システムは，企業内外のさまざまな業務システムを統合化させることで，多くのグローバル企業の経営改善に大きな効果を上げてきたが，現在ではさらに進化し，生産設備・機器間のネットワーク化に適用し，大量生産からマスカスタマイゼーションへと製造業のビジネス・システムを変革する基幹システムを担おうとしている。またCRMシステムは，従来は個々の顧客プロフィールと購買実績との統合を行い，購買パターンの分析を行うことでマーケティング活動に役立ててきた。しかし現在では，顧客の購買実績に限定されない，検索行動やウェブの閲覧行動，書き込みなど，購買前の行動や意識を分析することで，フォローできなかった顧客の掘り起こしや，リアルタイムでの購買需要喚起などを行い，精度の高い顧客アプローチが可能となった。

このように「ビジネスプロセスの変革」により，今までとは異なる「イノベーティブなビジネス・システム」が創出されるようになる。

3 ICTの進展による新たな技術ステージ

ICTは，情報技術（Information Technology）の通信（Communication）との統合を意味するが，この通信との統合が大きく時代を変えることとなった。ITの発展とはプロセッサ（処理）とデータベース技術の進展であり，プログラム処理の高速化とストレージの大容量化がその技術的特徴である。通信技術が加わるという意味は，機器同士の相互接続が可能になったということである。

昨今の急速な技術の発展は，新たな技術ステージへと入っており，ビジネスのみならず，生活にも大きく影響を与えようとしている。新しい技術ステージはどのようなものか，その影響を明確にするために，これまでのICTの進展について整理することとする。

3.1 ICTの発展段階

1．Stage 1　コンピュータの出現とデータの共有

　表4－1はICTの発展段階を示したものである。コミュニケーション機能に着目すると，巨大なメインフレームコンピュータの出現よりむしろ，パーソナルコンピュータ（パソコン）の出現がエポックメイキングになる。なぜならパソコンはできるだけ多くの人たちとデータをやり取りするために生まれたからである。

　Stage 1の特徴は，パソコンの出現とローカルエリア内でのネットワーク接続である。パソコンの出現（Phase 1）とその上で動作するワードプロセッサー（ワープロ）や表計算ソフトは，多くの人たちに業務効率の向上という新たな価値を提供することができた。しかしこのフェーズでは，各メーカーの開発したコンピュータはそれぞれ異なる仕様で動いているために，データの共有が困難であった。そこでパソコンを動かすオペレーションシステムを統一することにより（Phase 2），フロッピーディスクを使ってデータを交換することを可能にした。

　さらにイーサネット技術によるローカルエリアネットワーク（LAN）の出現により（Phase 3），異なるコンピュータやプリンター間であってもデータの共有ができるようになった。しかしこのステージでは，機器間の相互接続は物理的な接続レベルであり，限定された範囲でしか情報を共有できず，個々のパソコンにアプリケーションをインストールする必要があり，共有の程度は低かった。

2．Stage 2　インターネットの出現とネットワークサービスの発展

　このステージは，インターネットの出現により特徴づけられる。世界中にあるコンピュータやデータベースがインターネット上で接続され，ネットワーク上で情報の共有が可能となった。技術的にはTCP/IPプロトコルの普及が世界中のコンピュータとの接続を可能にしたのであるが，それと同時にWorld

第4章　製造業のサービス化と情報通信サービス

Wide Web（WWW）によるハイパーテキストとハイパーリンクにより、デバイスの機器やOSに依存しないコンテンツの記述方法を開発したことが大きい。これにより多くのサービスがWeb技術を元に開発されるようになり、結果的にアプリケーションレベルでの標準化技術が確立されていった。

　インターネットの黎明期（Phase 4 ）には、同時に多くの大企業が基幹システムのERPやCRMパッケージを導入したが、これはネットワーク化による新たな価値の追求という側面より、むしろ業務の効率性を追求することで他社との差別化を狙うものであった。そのため多くのICT企業がそれぞれの情報システムを開発していたが、こうしたシステムは他社との相互接続性はなく、自社

表4－1■ICT技術の進展とその特徴

Stage1 Computing		
Phase1 コンピュータの出現	**Phase2** オペレーション システムの統一	**Phase3** 機種間相互接続
代表的な技術	マイクロプロセッサー， 記憶装置	MS-DOS, Windows	イーサネット
技術的特徴	処理能力	OSの標準化	ローカルエリアでの ネットワーキング
主な提供価値	データの大量・ 高速処理	データの交換	データの共有

Stage2 Networking		
Phase4 ネットワーキング	**Phase5** クラウドサービス	**Phase6** ソーシャルネット ワーキングサービス
代表的な技術	TCP/IP World Wide Web	サーバ間連携技術	モバイル ネットワーキング
技術的な特徴	非常に広範囲での 相互接続性	高速大容量 ネットワーク	機器間・ユーザ間の 新たなインタフェース
主な提供価値	情報交換，情報収集 ネットワークサービス	統合された ネットワークサービス	M to M, C to C コミュニケーション

（西岡，2016[3]，を元に修正）

93

あるいは部署内のネットワーク内に閉じて接続されていた。そのためネットワーク化の恩恵は限定的であり，また導入効果をあげた企業は大企業に限られていたのが現状である。

クラウドコンピューティングの出現により（Phase 5），ICT業界のビジネスだけでなくそれを利用するユーザ企業のビジネスも大きく変わることになった。クラウドコンピューティングが生まれた技術的な背景は，ネットワークの高速化と低コスト化だけではなく，コンピュータの分散処理に関する技術の進展があった。クラウドにより自社内でサーバーやデータベースを設置し維持管理する費用が削減でき，業務コストを大幅に削減することが可能となった。

また標準的なWebインタフェースを使うために，ネットワーク上でのサービスをあらゆる端末で操作することが可能となり，ビジネス環境でも操作性が比較的容易となっている。このフェーズでシステム間を相互接続する技術的基盤が軌道に乗り始め，特にミドルウェアと呼ばれるアプリケーション間を橋渡しする機能の標準化が進んだ。

3.2 ネットワーキングが生み出すビジネス

ICTの発展段階を見てきたが，システム間を相互接続する技術的基盤が進行しても，利用するためのソフトウェアやサービスは有料であり，高性能なコンピュータの能力が必要であったため，技術進展の恩恵は企業向けのサービスに限られた。しかし，その中でソーシャルネットワーキングサービス（SNS）とモバイルネットワークの発展は，一般社会に大きなインパクトを与えることになった。

SNSはユーザ間のインタラクティブなコミュニケーションを促進するためのプラットフォームサービスである。ネットワーク上で提供されるクラウド型サービスであり，分散処理技術と高速大容量の通信と演算処理機能，大量の写真や動画をストレージできる大規模なデータベース，そしてモバイルネットワークから成り立ち，そのことは情報技術と通信を兼ね備えたICTそのものであると言える。こうした技術的特徴のみならず，SNSは双方向コミュニケー

ションを活性化するプラットフォームであるという点で，企業と消費者とのコ
ミュニケーションを可能にし，また消費者間のコミュニケーションが可視化さ
れるという点で，マーケティングに利用されることとなった。ウェブサイトを
閲覧する，アクセスするまでの経路，ウェブページの遷移など，企業にとって
入手可能な情報が量的にも質的にも増え，また処理することが可能になったの
である。

　さらにモバイルネットワークの常時接続の拡大，スマートフォンの普及によ
り，一般消費者がICTを含めたデジタル技術に対する親和性が増しているが，
このような技術と人の間のインタフェースの発展が，次節に示す新しいICTの
ステージへ向かわせる大きな要因となっている。

4 新たなICTの進展とビジネスへの影響

4.1 技術の進展と新たな特徴

■ ICTの進展と標準化

　前節では，ICTの発展をネットワーク技術の進展に伴う機器同士の相互接続
性の向上（ネットワーキング能力），大容量で高速化されたデータ処理（プロ
セシング能力），そして大量のデータを収集できる容量（ストレージ能力）の
3つの特徴に注目し，整理を行った。そして現在，ICTは新たな技術ステージ
に入っている。本節では，この新たなICTステージについて，その技術的な特
徴を整理する。

　ICTの発展により，クラウドコンピューティングサービス，楽天やamazon
のようなECサービスのように，ビジネスを発展させるためのプラットフォー
ムが構築されてきている。こうしたビジネスのプラットフォーム上では検索活
動，売り手と買い手のマッチング，商取引，決済などさまざまなビジネスのプ
ロセスが実行されるが，それらの活動から生み出された情報や知見が電子デー
タとして集まり，プラットフォーム内でデータが再構築され，新たなサービス

やビジネスを生み出す源泉となっている。こうしたプラットフォーム上の活動は，サービスのエコシステムと言える[4]。このシステムでは，プラットフォーム上で行われる広範囲の企業のビジネス活動がさらなる技術開発につながり，こうした活動を通じて資源や能力が蓄積される[5]。

　こうしたシステムがインフラストラクチャーとして存在し，ビジネスのプラットフォームとして利用されるためには，技術の標準化が最も重要となる。しかしその標準化に関しては，技術規格を厳密に決めることよりも，むしろ柔軟性のある規格にすることが重視される[6]。すなわち大規模なサービス提供を可能にする拡張性，頻繁な変更や異なる市場規模に対応可能な高可用性，そして将来さまざまな変化に対応できる柔軟性が求められるのである。こうした拡張性を実現するには，プラットフォームビジネスの所有者とアプリケーション・ディベロッパーがうまく連携するようにシステム開発時の設計が重要性を持つが，むしろシステム自体が自律的に動作するような技術がより必要になってくる[7]。

　ここで，新しい世代のICTの特徴について以下のように説明する（図4－2）。1つ目の特徴は，企業のビジネスにおける活動や業務，さらに顧客企業や消費者に関するデータを「見える化」できることである。従来，こうした膨大なデータについては，一旦データを格納して分析処理を行うバッチ処理が行われ

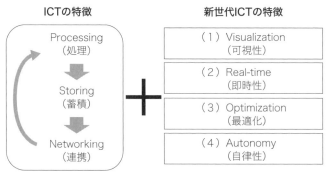

図 4－2 ●新しい世代のICTの特徴

第4章　製造業のサービス化と情報通信サービス

ていた。しかし，現在の技術では，リアルタイムでの処理が可能となっている。新世代のICTは，（1）**ビジュアライズ性（可視性）**と（2）**リアルタイム性（即時性）**，という大きな特徴がより活用されるようになることで，新たな価値を顧客に提供することが可能となる。例えばプラント設備を管理するシステムにおいては，膨大なオペレーションデータをリアルタイムに分析し，作業員に見てわかりやすい情報を提供し，予防保全や危機管理に対する判断の重要な手助けをすることができる。

　次の段階では，（3）**最適化技術**，すなわちAIを使ったモデリング技術により，リアルタイムで流れてくるオペレーション上のデータを分析し，必要な行動を作業員の指示なく行えるようになる。オペレーションデータを収集するだけでなく，そのデータから顧客の課題とその解決方法を分析する能力である[8]。膨大なデータを収集・分析しても，それを適切な方法で顧客に分かりやすく提案することができなければ意味がない。つまり多種多様なシミュレーションツールや，直感的にも分かりやすい説明を行うことができるサポートツールも必要となってくる。

　最終的には，気象状況や他の機器の状況やさまざまな自然・社会の因果関係を読み解き，（4）**自律的**にシステムが動作できること（**Autonomy**），すなわちシステムが周りの環境や状況変化に自律的に対応できるようになる。これら4つが新世代のICTの特徴である。

4.2 エコシステム（自律性）

■ RRDMサービスの高度化

　IoTは，あらゆる設備・機器に多種多様のセンシング技術と通信技術，その他関連する技術を埋め込むことで，新たな価値が産まれることを期待した概念である。これは2000年初頭より，提唱されたユビキタスコンピューティング[9]など，「いつでも」，「どこでも」，そして「あらゆる端末」に通信機能がつき，それに従いさまざまなサービスが提供される概念をより具現化している。

　IoTはセンサー技術とICTが組み合わさるため，生産財の分野でいち早く進

97

展することが予測される。例えばコンビナートのプラントの重要な機器を継続的にセンサーと通信技術でモニターし，オペレーターは現場ではなく，中央制御室で機器全体を監視できるシステムはすでに実用化されている。こうしたRRDM[10]（遠隔修理・診断・維持管理）システムは，サービスマンや技術者が現場まで移動する時間や費用などのコスト削減効果だけでなく，コールセンターと連携して情報共有することで，顧客とのコミュニケーションがスピードアップし，サービスの即応化も可能になることから，顧客サービスを向上できると考えられてきた。

そしてこうしたRRDMサービスを高度化する試みが始められようとしている。つまり単に装置にセンサーをつけてネットワーク化しただけでは，異常時の警報やオペレーション状況を監視センターに送りオペレーターがその情報に基づき判断し，機器に対して何らかの指示を出すにとどまる。これに対して，ネットワーク側と装置側に高度な機能を持たせ，それぞれを連携させることにより，新たな価値を顧客に提供することが可能になる[11]。

■スマート・サービス

RRDMシステムでは，基本的に何かに反応し，収集蓄積したデータから学習をすることにより，診断や修理等を行うことを目的としている。従来のRRDMシステムをさらに発展させ，ある情報から何かを予知してより積極的に行動するサービスシステムを「スマート・サービス（Smart Service）」[12]という。

機械が自発的に動作することが可能になると，人手を介さずに，日々の定型的な維持管理業務を機械自らが行っていくことが可能になる。人の指示によらず，予め定められた目的に従ってその機器が自発的にオペレーションできる能力を機械自体が持つ。さらに機械自体が情報を蓄積し学習することで，変化する環境にダイナミックに適合して自律的に動作するようになる。加えて他の機器と協働して，多岐にわたる機能を実現できるようになる。

従来，機器の制御装置は，その機械を操作するためだけに装着されていたが，

第4章　製造業のサービス化と情報通信サービス

他の機器，例えば航空機エンジンの場合，その時の天候，気流の流れ，乗客の数と荷物の積載量などを測定しているさまざまなセンサー機器の持つデータと連動することで，航空機エンジンの経済的で適切な推力が決定できる。こうしたことは自動車や他の多分野でのシステムに適用可能である[13]。

4.3 リアルタイム性

■ 自律的なシステムとは何か

　新世代のICTの特徴として，機器がネットワークに常時接続されることで，リアルタイムにさまざまな情報が処理可能になったが，この「リアルタイム性」に注目する必要がある。現在のビジネス環境下で，ビッグデータ等，大量のデータを収集し分析できる点が強調されがちであるが，これらは基本的にあるタイミングでまとめて処理するという点においてバッチ処理となる。たとえばデータマイニングは顧客の期待する価値を推測し，適切なマーケティングや商品政策に活用することができる点で有効であるが，しかしながら，その瞬間に顧客が必要としているサービスを提供したり，製品を提示することは想定していない[14]。

　一方，現在起こっていることに対して適切な方法を提示できることがリアルタイム性のあるサービスとなる。IoTにおいてリアルタイム性が強調されるのは，例えば，ある生産設備に接続された機器が異常を検知したことをデータで示せば，それに対して即時に対応する必要があるためである。さらに重要なのは，異常を引き起こす環境や状況は一定ではなく，その条件はあらかじめ設定できるとは限らない点にある。

　顧客に対して不良品を提供するのを避けるために，不良品をチェックするシステムが通常考えられている。しかしこれでは，事後的な策にとどまり，歩留まり率を上げるためは，不良品が出ないシステムを設計することが求められる。しかしコンマ以下レベルでの精緻さを要求する機械も含めたシステム設計は，コスト的に実現は難しい。コストとの関係を考えると，不良品が発生する環境の変化にも対応できるようなリアルタイムで動作するシステムの設計が要望さ

れることになる。

　環境変化対に対してリアルタイムにデータを収集し，判断する技術が必要となってくると同時に，ダイナミックに対応するためには，先に示したエコシステムの考え方を取り入れた手法が必要となる。つまり過去のデータ蓄積から適切な方法を予測する以上に，現在の環境や状況に応じて対応できるシステムが重要になってくる。

■ リアルタイム性の実現とネットワーク技術

　IoTを実現するためには，大量のデータをリアルタイムで送受信し，処理できる仕組みが必要である。リアルタイム性の実現は，電話ネットワークで実現されてきた技術はあるがこれは非常にコストがかかり，大容量の通信には不向きである。一方，従来のインターネットでは，低価格ではあるものの，リアルタイム性と安定した高速性は多少犠牲にされる。

　IoTの実現により，ネットワーク上で処理されるデータの性質が多様になると考えられる。例えば，自動車の自動運転や制御に関する研究開発が進んできているが，運転に必要なデータは生命にも関わるために高速で大量のデータをリアルタイムでセンシングし，処理する必要がある。一方，事象の発生する頻度が低く，生成するデータ量は少ないが，遠隔での高齢者の見守りサービスなど，何らかの動作を検知し，異常を知らせるには，確実にリアルタイムで処理する必要のあるものもある。また従来のメールやWebサービスのように多少の遅延は問題とならないものもある。

　このようにさまざまな通信品質のサービスをベアラサービスというが，従来のインターネットでは，端末とサーバー間のソフトウェアでサービス制御を行ってきた。これを設備・機器を保有しているネットワーク側でコントロールするようになるのは，ネットワーク事業者にとって大きな挑戦であり，IT業界からビジネスの主導権を多少なりとも奪うチャンスでもある。

　高いリアルタイム性が求められるアプリケーションや，MtoMのようなビッグデータを扱うアプリケーションは，大規模なデータセンタをネットワーク上

第4章　製造業のサービス化と情報通信サービス

に置いたクラウド型のコンピューティング環境では，ユーザからデータセンタまでの距離が遠く，光の速度に起因して発生する通信の遅延を縮められない。また通信の遅延だけではなく，情報をデータセンタに集約処理するためのネットワーク帯域の増大が課題となる。

　その解決としてネットワーク上の端末のすぐ近くにサーバー（「エッジサーバー」）を多数配置し，近くのモノとモノを短距離通信でつなぎデータをやりとりするエッジコンピューティングというコンセプトがある[15]。これにより，集約的にサーバーを配置するクラウド型に比べて通信遅延が最大100分の1と短くなり，端末負荷を軽減できるほか，センサー情報など膨大なビッグデータ処理に向く。

4.4 Optimization（モデリングと人工知能AI）

■ ビッグデータの意味

　IoTによりさまざまなモノや人がネットワークに接続されることは，その中で多種多様なデータが交換されていることを意味する。これは機器や人が接続されることで生まれる新しいサービスの開発だけでなく，交換しているデータ自体を用いて新たなサービスが生まれてくる可能性が出てきた。つまりデータ自体がビジネスの源泉となるのである。これはさまざまな種類のデータセットの巨大な複合物であり，そしてそれを構成するデータの出所が多様であることが特徴である。こうしたデータを「事業に役立つ知見を導出するためのデータ」と定義した場合[16]，これをビッグデータという。

　この定義に従うと，データが大量にあることにはそれほど意味はない。データからビジネスに役立つ知見を得られない限り，それはビッグデータということにはならないのである。ビッグデータの目的は，例えば機械に設置したセンサーを通して得られた多種多様なモノのオペレーションデータや人の行動データから，複雑な関係を整理し，規則やルールを発見すること，そしてその識別したパターンから予測を行い，判断基準などが抽出できるようになることである。そこから得られた知見に従って，顧客に業務の改善や新製品を提案すれば，

101

顧客にとっての価値となる。そこで論点となるのは，データの品質とデータから新たな知見を導き出すためのモデルでありアルゴリズムとなる。

■ アルゴリズムの進化と深層学習

「アルゴリズム」とは，問題を解決するための方法や手順を示す言葉である。同じ問題を解く手法は複数あり，いかにして効率的かつ実践的なアルゴリズムを開発できるかにより，世界そのものを変える力を持つ。近年ではGoogleの持つ検索エンジンのアルゴリズム（ページランク）がネットビジネスの世界を大きく変えたように，現在新たなアルゴリズムの開発がコンピュータの世界だけでなく，ビジネスそして我々の世界を大きく変えようとしている。それはニューラルネットワークの世界で起こった革命であり，コンピュータが大量のデータを扱えるだけの技術的な進展と人間の脳を模した物事を推論するためのアルゴリズムの開発という計算機工学分野の理論的進展があったためである。

この進展には2006年にトロント大学のジェフリー・ヒントンらが発表した論文[17]が契機となっている。彼らはコンピュータが自律的に推論能力を高める基本的な考え方を提案した。これが後の「深層学習（ディープラーニング）」と呼ばれる考え方となっていくが，基本的な仕組みは，隠れ層を持つニューラルネットを高速に学習する「誤差逆伝播法（バック・プロパゲーション）」と呼ばれる訓練方法である。従来，人間が事前にルールをコンピュータにわかるように提示してきたが，深層学習では，コンピュータ自身が推論と学習を繰り返し，分析を繰り返すことで，対象としているデータの意味を理解できるようになる。この学習プロセスの中でいわばモデルとアルゴリズムが訓練され，その結果最適な法則を道き出すのである。こうした深層学習の技術をコンピュータのアルゴリズムに当てはめることで，今までのコンピュータが持つことが難しかった「推論」機能を持つことが可能となった。これが人工知能，すなわちAIである。

■ 量子コンピュータの出現と最適化

　深層学習は，コンピュータに人間の知能のすべてを代わりにさせることを目的としているわけではない。深層学習は推論機能を持つために，どのような要因が重要な役割を果たすのかを判別したり，あるデータがどのグループに属するかを区別してクラスタリングを行うことに使われるのに適している。

　多数の中からの判別やクラスター化（グループ化）を効率良く行うのは，「組み合わせ最適解」と呼ばれる問題を解くことになる。これはさまざまな条件で，多数ある選択肢から最適なものを選び出すものであり，あるセールスマンが巡回してすべての都市を効率よく回るための順路を選び出すという「巡回セールスマン問題」がこの組み合わせ最適解問題の例として知られている。訪問すべき都市の数が多くなるとどのルートを回るか飛躍的に選択肢が増えるために，現在のコンピュータの演算能力では時間が膨大にかかり，現実的には解けない問題となる。そしてこの組み合わせ最適解問題を解くために最適なコンピュータが量子コンピュータと呼ばれるものである。量子コンピュータは現在のコンピュータとは異なる計算原理を使用しているが，その最大の特徴は処理スピードの速さであり，従来のコンピュータアーキテクチャーでは到底及ぶことのできない処理能力を実現するものである。現在実用化されているのは，カナダの企業がつくったD-WAVEであり，量子力学における「アニーリング」という自然現象を借用したアルゴリズムで実現されている[18]。

　量子ニューラルネットワークコンピュータは，NTTが共同開発したもので[19]，組み合わせ最適解に対して，その問題規模とスピードにおいて，先のD-WAVE（量子アニーラ）を凌駕しており，さらにその基本となる動作温度も従来の量子コンピュータが極低温状態でなければ動作しないのに対して，室温で動くことができるため，コンピュータの実用化という点では完全に進歩している。

　また量子コンピュータの特徴として，環境負荷が低減できることがある。システムを動作するための消費電力が非常に少なくなるというメリットからである。量子コンピュータが，現実的な技術になりつつある現在，量子コンピュー

タを利用してさまざまなデータを分析することは，今後一般的になると考えられる。量子コンピュータが得意とする，判別やクラスター化は，膨大なデータから，あることが何かの範中に入るのか，あるデータの一群を範中としてまとめられるのかといった，診断するという行為に適している。診断という行為は，機械の稼働状態を知ることや，顧客とのインターフェースにおいて情報を提供したり，ビジネスにおける利用価値を切り開いていくことになる。

　量子コンピュータの商用化にはまだ時間がかかるが，AIと量子コンピュータの出現により，現在のコンピュータでは処理できなかったことが可能となり，新たなビジネスチャンスを生み出すことに注目する必要がある。

4.5 技術の可視性（Visualization）

■AIによる新たなインターフェースの可能性

　AIはソフトウェアであり，さまざまな条件において最適な解，あるいはその候補を求めることが目的だとすると，人間と機械，そして機械同士を結び付ける新しいインターフェースとしても期待できる。ユーザー・インターフェースが，機械と人間を繋ぐものであるとするならば，AIは人間と機械，そして機械同士にあるギャップを埋め，リアルとバーチャルを融合した新しい世界を人に提供するインターフェースになりえる。

　従来，人間と機械の間のコミュニケーションは，機械の能力に人間が合わせる必要があった。つまり機械が理解できるようにあらかじめ定められた文法および構造化されたデータを入力し，その結果は，機械がその能力の中で行える方法で行われてきた。例えばあらかじめ決められたフォーマットとして，テキストデータのみであったり，小さなサイズの画像データという形で，人間に伝達がされていた。また機械が異なるとその文法や規則も異なるので，人間が研修や自習などで学習し訓練をしてから，その機械を操作してきた。これは機械と機械の間でも同じことであり，お互いが処理できる能力は能力の低い機械に合わせることになり，そもそも扱うデータの種類が異なると情報伝達できないという限界があった。

104

第4章　製造業のサービス化と情報通信サービス

　しかしIoTにより，多種多様なデバイスが扱うICTの能力が飛躍的に高まると，大容量のデータを人間が処理できないため，今までとは異なるインターフェースを準備する必要が出てくる。また機械同士でも連携機能を高めるためには，相互接続できるインターフェースの整備が最も重要になってくる。こうしたインターフェースの問題は，AIの出現により大きく様変わりしてくる可能性がある。

■ 人と機械のインターフェースにおけるエージェント機能

　人間と機械，ネットワークとの仲介をするものとして，「エージェント（代理人）」機能が知られている。メールの自動返信やデータベースの自動集計等，大量で定型的，かつ面倒な作業をユーザに代わって実行するプログラムである。ここにAIが導入されると，高度に人間の意図を理解して，人間の代わりにさまざまな業務を処理することが可能になる。現状のインターフェースの問題点は，人間が機械の能力に合わせるために，サービス利用時に詳細にわたって条件を入力し，また同じような内容にもかかわらず，サービスが異なると違うフォームに一から入力する必要があるという効率の悪さがある。また新しいサービスが出てくるたびに，その操作方法を一から習得する必要がある。

　要は既存のITサービスの「杓子定規で，気が利かない，よって不便」を感じる「頭の悪い」インターフェースを賢くすることが求められる。細かく指図をしなくても，指示する人の今までの経験や行動パターンから嗜好を導き出し，意図を理解し，不足する情報はコンピュータ側で補いつつ，具体的な実行案を提案することにある。多種多様なデータが存在する場合，分析の意図や目的によって必要とする加工編集されたアウトプットは異なるが，そうしたものを汲み取ってデータを整理してくれるようになる。身近な例では，オンラインレビューや採点・格付け・評価などの領域において，信頼性があり意味のある結果を提示する手法の開発が目的となっている。また直感的にわかりやすく，利用しやすい情報に加工する技術により「見える化」することの重要性がさらに強調される。

105

■ 機械間の相互接続インターフェース

　さて，AIにはこのような人と機械との間を仲介するだけでなく，機械同士の仲介を果たす機能も期待されている。具体的には機械と機械の間の相互接続を行う機能，そして機能を逐次サービスを中断することなくアップデートしたり更新したりできることである。IoTにおける問題の1つに，機器間の機能の差，アプリケーションの性能に違いがあったときの対応がある。この場合，性能の低い方の機器にその実現可能な能力は合わせられることになる。ここで必要となってくるのは，ネットワークを含めた機器間を相互接続できる仕組みを提供できること，そして自律的に機器の能力を上げるソフトウェアを変更できるようにすることである。

　こうしたことは現在のWeb関連技術でも部分的に実現されている。しかしAIの投入により端的に起こることは，膨大なデータを処理するコンピュータの能力を利用することにより，進歩していない人間の能力とのギャップを埋めることにある。これにより例えばプラントや工場等の施設のオペレーション作業において，人間が行う定期的な作業を省略し，より正確性を増した予知・行動ができることで，人間の対応は緊急時のみで十分となる。これは法で定められている定期修繕が不要，あるいはその間隔が伸びることも可能となり，経営面で経済的な効果が得られる。

　データのアップデートについても，人間がプログラムしたデータを送るのではなく，機械自らが学習した結果を自律的に更新することが可能になる。また未知の事柄に関しても，深層強化学習により，自律的に足らないデータを補完し機能を強化することが期待できる。発展したAIは非常に優秀な助手やコンシェルジュとなり，人間にとって必要不可欠な存在になる。

■ さらなるユーザ・インターフェースの進化（IT-Artifact）

　ICTの進展に伴い，人間や機械の行動に関するさまざまなデータ取得が可能となり，それらのデータに基づき高度な分析を行えるようになった。その結果，情報システムは大規模で複雑性を増すことになり，さらにはユーザが操作する

第4章 製造業のサービス化と情報通信サービス

ことなしに自律的に動作可能になったため，サービス利用に関し，ユーザが理解できる範囲を超え，リスクを感じ嫌悪感が増すことが懸念される。このことはサービスを提供する側にとって，新たな課題となってくる。

そこでICTとユーザ，あるいはサービス提供側と受益する顧客との間のインターフェースの管理は，経営上今まで以上に重要となってくる。技術に対する親和性を高めるためには，知覚された「有用性」や「使い易さ」[20]，そして将来にわたって有用なものであること[21]が重要なこととして挙げられているが，それ以上にコンピュータとユーザの間を介在させて，表現の場を広げるようなものが必要となってくる。つまりICTを単なる道具としてではなく，社会と密接に関わっているものと捉え直し，ICTで社会を表現したもの，IT-Artifact[22]が必要となってくる。現在，キーボードからのコマンド入力やマウスや画面をタップすることでアイコンやハイパーリンクをクリックし，コンピュータに直接命令を下す方法が主流であるが，これを超えてICTが表現しているバーチャルな社会と実社会をつなぐようなもの，例えばアバターのようなものにより，バーチャルな社会へのアクセスビリティを高めること，そしてユーザが意識せずとも簡易に操作し理解することができ，リアルな世界との間がシームレスになるようなものが求められる。

注

1 例えば，Ashurst, C., Freer, A., Ekdahl, J. and C. Gibbons (2012) "Exploring IT-enabled innovation: A new paradigm?", *International Journal of Information Management*, 32 (4), pp. 326-336.

2 Mentzer,Y., Stank, T. and T. Esper (2008) "Supply chain management and its relationship to logistics, marketing, production, and operations management", *Journal of Business Logistics*, 29 (1), pp. 31-46.

3 西岡健一 (2016)「情報通信技術によるマーケティングの進化と新たな研究動向」『マーケティングジャーナル』139, pp. 26-44.

4 Yoo,Y., Henfridsson, O. and K. Lyytinen (2010) "Research Commentary—The New Organizing Logic of Digital Innovation: An Agenda for Information Systems Research," *Information Systems Research*, 21 (4), pp. 724-735.

107

5　Yoo, Y., Boland, R., Lyytinen, K. and A. Majchrzak（2012）"Organizing for Innovation in the Digitized World", *Organization Science*, 23（5）, pp.1398-1408.

6　Grisot, M., Hanseth, O. and A.Thorseng（2014）"Innovation of. in, on Infrastructures: Articulating the Role of Architecture in Information Infrastructure Evolution", *Journal of the Association for Information Systems*,15（4）, pp. 197-219.

7　Ghazawneh, A.and O.Henfridsson（2013）"Balancing Platform Control and External Contribution in Third Party Development: The Boundary Resources Model", *Information Systems Journal*, 23（2）, pp. 173-192.

8　前掲Ulaga and Reinartz（2011）.

9　Lyytinen,K. and Y.Yoo（2002）"Issues and Challenges in Ubiquitous computing", *Communications of the ACM*, 45（12）, pp. 63-96.

10　Remote Repair, Diagnostics, and Maintenanceの略。

11　Rijsdijk, S., Hultink, E. and A. Diamantopoulos（2007）"Product intelligence: its conceptualization, measurement and impact on consumer satisfaction", *Journal of the Academy of Marketing Science*, 35（3）, pp. 340-356.

12　Allmendinger, G., and R. Lombreglia（2005）"Four strategies for the age of smart services", *Harvard Business Review*, 83（10）, pp. 131-145.

13　相互の情報交換に着目するサービスは「スマートインタラクティブサービス」として開発されている。このサービスは，機械どうしの通信というより，機器と人間とのインタラクション等の開発がされ，実用化実験されてきている。

14　Fano, A. and A. Gershman（2002）"The future of business services in the age of ubiquitous computing", *Communications of the ACM*, 45（12）, pp. 83-87.

15　田中裕之・高橋紀之・川村龍太郎（2015）「IoT時代を拓くエッジコンピューティングの研究開発」『NTT技術ジャーナル』27（8）, pp. 59-63.

16　総務省の情報通信白書平成24年版によると，ソーシャルメディアから得られるデータ，顧客データ，ビジネスを実行する上で必要なデータ，様々なログデータ，音声・画像動画などのマルチメディアデータ，ウェブサイトデータ，センサーデータ，オペレーションデータが挙げられている。

17　論文はHinton, G., Osindero, S. and Y-W. Teh（2006）"A Fast Learning Algorithm for Deep Belief Nets", *Neural Computation*, 18, pp. 1527-1554.である。また本稿の「ニューラルネットワーク」,「ディープラーニング」の理論的説明は，以下の資料を参考にしている。
　［1］Anthes, G.,（2013）"Deep Learning Comes of Age", *Communications of the ACM*, 56（6）, pp. 13-15.
　［2］Edwards, C.（2015）"Growing Pains for Deep Learning", *Communications of the ACM*, 58（7）, pp. 14-16.

18　「量子アニーリング」の提唱者である西森秀稔東京工業大学教授の以下の著書およびNTT R&Dフォーラム2017（2017年2月16，17日NTT武蔵野研究開発セン

ター）の展示内容を参考。西森秀稔・大関真之（2016）『量子コンピュータが人工知能を加速する』日経BP社。

19 NTT持株会社　ニュースリリース　2016年10月18日
http://www.ntt.co.jp/news2016/1610/161018a.html

20 Davis, F（1989）"Perceived usefulness, perceived ease of use, and user acceptance of information technology", *MIS Quarterly*, 13 (3), pp. 319-340.

21 Speier, C. and V. Venkatesh（2002）"The Hidden Minefields in the Adoption of Sales Force Automation Technologies", *Journal of Marketing*, 66 (3), pp. 98-111.

22 例えば, Orlikowski,W. and S. Iacono（2001）"Research Commentary: Desperately Seeking the 'IT' in IT Research: A Call to Theorizing the IT Artifact", *Information Systems Research*, 12 (2), pp. 121-134.

第5章

新世代ICTと製造業のサービス化

1 製造業のパラダイム転換

1.1 マスプロダクションからカスタマイゼーションへ

　ドイツで生まれた「インダストリー4.0（Industrie4.0）」は，製造業のビジネス・システムを少品種大量生産から多品種少量生産へと変え，顧客ごとにカスタマイズされた製品の生産を可能にすることを前提とした概念である。従来の規模の経済を背景にしたシステムを変え，ICTを積極的に用いることで製造業の生産工程を刷新し，少量生産においても大幅にコスト削減を狙う。そしてセンサー技術とICTを組み合わせて工場のデジタル化を促進し，従来人手がかかっていた業務を機器が自律的に動くことで工場の自動化・バーチャル化のレベルを現在よりも大幅に高めることが目的である。この自律的な生産の仕組みは「スマート・ファクトリ」と呼ばれる[1]。

　現在第4次産業革命と呼ばれている新しい生産・供給の仕組みは，生産設備の自動化を進めるFA（Factory Automation）という考え方でも，あるいはスマート・ファクトリのように工場の生産過程をICT化することに限られるわけではない。生産に対する考え方の根底を，大量生産から一品生産へとパラダイ

111

ム転換させることの意味はより深い。単に工場の自動化を進めるだけでは実現できず，一品生産，つまりカスタマイゼーションを進めることは，すなわち「製造業のサービス化」へのシフトを目指す試みであり，それは工場だけでなくそのサプライチェーン全体を変革することになる。

1.2 サプライチェーン・マネジメントの変化

■ マスカスタマイゼーション

　マスカスタマイゼーションとは，調達した資材を見込みで生産し，需要時点の情報を入手してから，製品仕様を調整し，顧客向けにカスタマイズする方法である。製造業が，製品の仕様とロットをあらかじめ確定し，見込みで生産し，流通在庫投資を行う場合，市場需要が変動した場合に売れ残りや，売り損じを出してしまうことになる。一方，製品の仕様とロットの確定を，需要時点情報が入るまで延期すると，市場需要に対して調整が可能となるが，調達量や生産量において規模の経済が働かずコストが高くなる。マスカスタマイゼーションは，当初見込み生産において規模の経済を享受し，実需情報が入る時点で製品仕様や生産量を調整するという点で，市場需要への対応力が高まるというメリットがある。

　成熟市場においては，最終顧客市場の多様性に対応し，仕様に関する個々の需要に対応した調整や，購買のタイミングに合わせて調整を行うことが需要を喚起するためには重要となる。マスカスタマイゼーションを行うためには，部分的にカスタマイズ可能な，すなわちインターフェースが標準化された構成部分から成る製品の設計と組み立て生産が必要となる。また実需情報をインプットし，見込み生産から受注生産に変わるポイントを決め，生産調整をすることになる。

■ アジャイル型サプライチェーン

　生産・供給体制のプロセスでは，調達，生産，販売の流れの中で，それぞれの活動を担当する企業間もしくは組織間が遅滞なく情報共有する必要がある。

ある製品を市場に導入し販売する期間を定め，その期中に追加生産する仕組みを考えると，実需情報が生産・供給側にフィードバックされる限り，販売時点に近い情報であればあるほど，需要情報としては精度が高くなるが，一方でその実需情報に対応していくことは生産体制側にとっては通常困難である。受注してから調達や生産に要する時間つまりリードタイムを考慮すると，2つの活動，すなわち精度の高い実需情報を可能な限り早く企画や生産工場側にインプットすることと，情報を受けて可能な限り生産プロセスを早めることが求められることになる。

　需要変動の激しい市場への対応として，生産と販売リードタイムを短縮し，期中生産による調整で需要に合致させていこうとするタイプのサプライチェーン・マネジメントがある。アジャイル型と呼ばれるこのタイプのサプライチェーン・マネジメントを採用している企業に靴下製造販売のタビオ社がある[2]。タビオ社自体は製品企画機能と販売店網を持っているが，染色，編立て等の生産工程を行う企業群とは資本関係ではなく，ICTを通じて生産，流通，販売情報を共有している。販売時点の情報を生産体制側がリアルタイムで確認することが可能なため，この実需情報の可視性のために，生産企業は仕掛品の生産調整を行うことができる。つまり製品仕様の決定を延期化することで，需要変動に対応可能な仕組みとなっている（次頁**図5-1**）。

■ 企業間ネットワーク

　インダストリー4.0で想定している企業間ネットワークは，仮想的に企業横断的に連携しようとするものである。現状のアジャイル型サプライチェーン・マネジメントは，ICTにより収集した市場情報について，人が情報を解釈し，調達や生産の意思決定を行っているが，新世代ICTでは，生産設備・機器どうしが通信し，生産の調整活動を行うことになる。

　スマート・ファクトリは，顧客による発注情報を受けた時点で，ソフトウェア上で，現時点の生産工程をどう組み替えれば，個々の顧客の発注情報に対する生産を最適化できるか解を求めるものである。つまり，個別調整を要望する

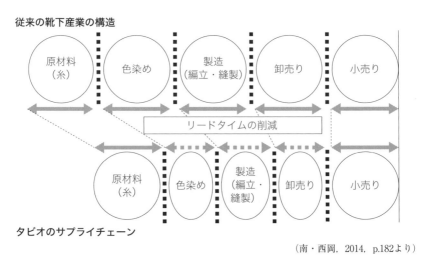

(南・西岡，2014, p.182より)

図5－1 ●タビオ社の延期化戦略

顧客に対しても，資材の選択や配置など最適な生産工程を割り出せるというところに，従来にはないマスカスタマイズされたサプライチェーンが実現することになる。

1.3 カスタマイゼーションと製品開発

　生産のカスタマイゼーションは，生産工程だけでなく，製品開発にも影響を与える。従来の製品開発では多くの顧客からの要望に対して，最大公約数的に満たすように製品を開発してきたといえるが，個々の顧客にとって，その製品から得られる価値はカスタマイズされていないという点で，完全に満足したものにはならない。

　ここで，サービス化による製品開発は，製品がサービスと一体化されて提供されることで，個々の顧客の要望を満足するように提供されることが特徴となる。つまりサービスを用いることで製品単体では得られない顧客ごと価値を実現することが可能になるという考え方である。

　また製品開発の工程に対して顧客を関与させる仕組みもICTの発展により可

第5章　新世代ICTと製造業のサービス化

能となってきている。現在，オープン・イノベーション，そしてクラウド型の
製品開発手法が注目を浴びている。これらはユーザ要望を製品開発に反映させ
る仕組みであるが，このような消費者の多様な要望をとらえる方法の重要さは
今後も一層高まると考える。しかし製造業にとって大きなチャレンジは，個別
の要望に対してどのようにカスタマイズされた製品を提供できるかにあり，そ
のためには製品開発プロセスと生産システム，そしてサプライチェーンを一体
化して改革する必要があることが強調される。

　製造業の課題は調達，配送運搬，生産，組み立て・加工等の部門間の連携で
ある。開発生産，供給の改革をめざすアプローチの最初のステップは，サプラ
イチェーンの中にあるこれら個々の要素のオペレーションにおいて，緊密な連
携を作り，統合化することである。これにはICTシステムが統合化機能の役割
により，大きく貢献することができる。ドイツのインダストリー4.0の場合，
ERPの最大手システム会社であるSAP社のシステムが大きくその役割を果た
している[3]。

1.4 機械制御システムが根本から変わる

　IoTが注目を集めるのは，遠隔操作ができることや，設備・機器からデータ
が収集できることに集約されるわけではない。製造業にとって注目すべき点は，
まず，制御するシステム自体が，それまでのものと全く異なるという点にある。
これは，人間による制御盤からの指令を電気信号に変え，そしてそれを機械の
物理的なスイッチにより制御する方法が変わるということである。IoTでは，
遠隔からネットワークを通して，半導体とソフトウェアによる制御へと変化す
るが，このことは物理的に制御装置自体を軽くする。しかしそれ以上に重要な
のは，軽量・小型でさまざまなセンサーやネットワーク機能を装置に埋め込む
ことが可能となり，これによりさまざまなサービス・アプリケーションをネッ
トワークで制御することが可能になる。この埋め込まれたシステムが新しい
サービスを産み出す大きな源泉となるのである。

　2点目は，IoTとAIが接続されることで，機械操作が，作業者の判断から機

115

械自らが外部の環境とその条件を計算して判断し，自律的に制御できるようになるということである。またネットワークに接続しているということは単に遠隔操作が可能になるということではなく，他の装置と連動してさまざまな制御が可能になることを意味する。

　ここで重要なのは，それらの変化により，顧客にとって重要な価値を提供できるようになることである。多くの機械・装置は，最大ピーク時を想定して問題なく制御できるように設計されている。ところがピーク時は限られており，通常は，ピーク時ほど機械・装置が稼働していない状態となる。電力システムを始めとし，自動車や鉄道，そして航空機などがその例にあたる。航空機エンジンにおいて最大推力が必要なのは離陸時であるが，巡行時には大体50〜70％程度の推力で十分である。その日の天候や乗客・貨物の量により，的確に状況を判断し，例えばサービス用電源を調整することができれば，エンジンの推力を的確にコントロールできるようになる。つまり特定の条件化においてのみ他の機能の能力を落とすことで，最大設計能力を下げることができ，結果的にコストの低減を図ることができることになる。

　多くのシステムは，必要な能力を最大に提供することを最優先し，かつエネルギー消費や人員などのコスト削減の両立を求められる。ここで，IoTとAIの採用により，ピーク時をもとに設計したものでなく，ピーク時にも対応できるシステムを構築し，最小のコストで運用できれば顧客の利益になる。このようなシステムを実現するためには，一律なシステム設計ではなく，顧客のシステムが稼働する環境的特徴に適応し，さらに特定条件化でも問題なく動作し，さらに顧客の持つ多様なリソースを利用できるシステム構築が求められる。こうしたさまざまな能力を全体的に統合していく能力が重要性を持つことになる。

第5章　新世代ICTと製造業のサービス化

2 製造業のサービス化と技術

2.1 製造業固有の技術への着目

　製造業においてビジネスのサービス化を検討するとき，提供するサービスがパフォーマンスベース・サービスやアドバンスト・サービス（ソリューション）へと高度化することで，その企業が持つ技術自体の重要性が強調される[4]。元来，製造企業である以上は，その競争優位の源泉は製品単体ではなく，その製品を開発し，生産する「技術」にある。特にBtoB取引においては，技術はその取引の中心となる能力である[5]。

　製造業のサービス化促進要因としてICTおよび製造業の持つ独自の技術との関連が注目されてきている[6]。顧客に提供するサービスが高度化することにより，製造企業にとっては，ビジネスのサービス化を進めていくことになるが，その促進要因と，現有もしくは将来有望な技術的なリソースとの関連についてはまだそれほど研究が進んでいるわけではない。

　しかし製造業のサービス化において，ICTと製造業の技術に関して解くべき課題として明確なのは次の2点である。1点目は，サプライチェーンの各要素，特に生産ラインにリモートセンサー技術を組み合わせることで，どのように技術を基盤とした製品・サービスの統合とカスタマイゼーションを進めるかという点である[7]。2点目は，ソリューション・サービスを提供するために，企業側がどのように組織能力を開発していけばよいのか，技術との関連性はどのようなものかという点である。後者に関しては特にAIを使うことで，製造業の組織能力自体の向上と，それに伴う競争優位の実現が課題となっている。

2.2 技術とリソースの関係について

■ 技術と組織能力

　ここで企業活動の源泉であるリソースと技術の関係を整理することにする。

117

製造業における研究開発そして技術開発活動は，技術的なリソースを開拓し蓄積することで，企業が製品やサービスを生み出すための活動であると定義できる[8]。そしてこのリソースを作り出すためには，広範囲な組織能力を必要とし[9]，この組織能力が技術リソースを発展させ，個別のリソースに他のビジネス分野に応用可能な領域を見つけ，顧客に応じたサービス提供を可能にすることになる[10]。こうした組織能力は環境やビジネス，顧客の要望に応じて動的に対応できるものであり[11]，そのために常に新しい技術の出現やビジネスの革新について精査し，それを取り込んでいく活動を行うことになる。

重要なことは，そうした組織能力自体がイノベーションを起こすわけではなく，こうした能力に現有の技術と新しい技術リソースとを融合させて，その用途を拡張させることでイノベーションを起こすことである[12]。組織能力は組織内外の日常の活動で育成されていく[13]。つまり，組織能力が競争優位を生み出すためには，企業内部と外部の価値創出活動に常に着目し，それらの活動を統合し，協働するようにしなければならないことになる。

■ 技術と外部リソースの吸収

これまで企業の持つ「技術」に関する関心は，企業あるいは企業グループ内部での活動に着目してきており，外部との関係についてはそれほど注意が払われていなかった経緯がある。最近ではこうした傾向に対し，例えばBarge-Gil (2010)[14]研究に見られるように，企業外部にあるリソースとの融合がイノベーションそして研究開発における組織能力の育成につながるという議論がある。

こうした外部の資源を吸収し利用するための組織能力という点では，「技術の吸収能力」という概念がある[15]。これは「外部のリソースの価値を認識でき，そしてそれを内部にある資源と融合させて，応用させることのできる企業の能力」を意味する。つまり，今あるリソースを活用することよりも，既存のリソースに関連する新しい知識の獲得を促進する能力の重要性が強調される。この点に関してMol（2005）そしてCassiman and Veugelers（2006）[16]の実証研究では，優れた技術リソースを持つ企業は，潜在的に優れた外部リソースを企

118

業活動として探索する傾向があること，こうした企業は自らの不足しているリソースと外部リソースの必要性を認識していることを明らかにしている。このようにイノベーションを生み出すためには，企業内で保持するリソースを補完する外部リソースを確保すること，そのための企業間関係と企業ネットワークの重要性が強調される。

2.3 製造業の組織能力

　企業内部と外部のリソースを統合して協働させる能力の重要性は，研究開発だけでなく生産部門においても同じことが言える。製造業の現場は暗黙知の集合体であると理解できる。そこにはさまざまなノウハウや知見が，各従業員の頭や体に，そして従業員同士の相互理解と共通認識により蓄積し運用されている。このような暗黙知を「見える化」し，さらにはその内容をシステム化することは，ノウハウや技能の継承だけでなく，他分野への応用が可能となる点で製品ではない組織能力での差別化が実現できる。

　製造現場では，生産プロセスを工程として切り分け，それぞれの工程に作業者を専門的に割り振る。各工程を専門化させることで，学習効果とともに個々の作業効率を上げ，そのことで全体の生産プロセスの能力を上げることが行われる。これは「分業」した個々の能力の総和が組織能力となるという考え方になるが，これは一品種大量生産のように各工程を明確に設計可能な場合には主に効率化の追求という点で能力は上がる。しかしよく考え設計し，分業したとしても，現実的にはそれぞれの工程間に作業の調整が行われる。特に多品種少量生産を志向した製造現場の場合，厳密な工程設計を行うことは柔軟性を欠くことになる。このため，現実的には各工程間に重複をさせる設計を行い，工程間の調整を行う。このような工程設計の場合，「協働」，「統合」型の組織能力が重要となってくる。

2.4 組織能力と情報通信システム

■ 情報通信システムと差別化

　パッケージ化された業務システム，例えばSAP社が提供するERPなどは分業型の組織能力を持つ企業に対して有効であり，「協働・統合化」された組織能力を特徴とする組織には，不向きであるという指摘がある[17]。業務システムに関しては，それぞれの企業内のIT部門が子会社も含め，その企業独自に開発してきた経緯があるが，現在では急速に発展したIT技術へのキャッチアップが困難になってきたことと，標準化されたシステム設計による競争力向上を狙い，大手IT企業の開発したパッケージソフトを導入する傾向が高まっている。

　世界的に普及しているITシステムは，卓越したグローバル企業の実践したノウハウをもとに作られているために，多くの企業がこうした企業の実践してきたベストプラクティスを活用できるという利点がある。しかしこうしたシステムは個々の企業の持つ差異を反映させるのではなく，業務プロセス自体をシステムに合わせて設計することになりがちである。結果として，標準化されたパッケージは個々の顧客企業にとっては，その企業のビジネスの実態に合わせたベストのものということにはならない。またこれらの汎用的なシステムを使っている限り，ビジネスの効率化は実現できても，システムによる他社との差別化は実現できないことになる。

■ 情報通信システムの活用方法の変化

　製造業において，ITシステムの利用を有効に利用する組織能力が，その企業の成果に影響することが明らかになってきており[18]，例えば同じ規格の製品を生産する複数の企業があっても，その生産するプロセスが異なることで，差別化が行われるという実態がある[19]。つまり製造業の差別化は，生産に関わるさまざまなオペレーション自体が競争優位となるのである。競争優位になる部分を汎用的なソフトウェアを利用することは，自らの強みを放棄することになりかねない。

120

第5章　新世代ICTと製造業のサービス化

ICT業界では製造業の協力を得て，多数の企業から製造業務に関わるデータを接続して集約したいと考えているが，製造業としては自らの競争優位源泉であるオペレーション上のノウハウを他社に渡すことは非現実的である。従来，製造業のオペレーションデータのシステム構築やその処理と分析は，企業が専用の部署を備えてコストをかけていたが，今ではコストと技術面から専用のシステムを作るICT企業にアウトソースをすることが主流となっている。

しかしIoTにより，ICT技術と製造技術の融合が進むにつれ，他社に全面的に依存したシステムづくりは，逆にその競争優位を失っていくことと捉えられ始めている。例えば，GE社はさまざまな業務のオペレーションデータの分析を自社で行っており，さらにはこうしたデータをもとに開発したシステムを他社に提供するビジネスを展開している[20]。これは「プレデックス」という産業用のソフトウェア・プラットフォームであり，顧客に提供するソフトウェアはすべてこのプラットフォーム上で作られる。GE社内ではそれぞれ独自で作っていたソフトウェアを共通的なやり方で提供することが可能となり，このインターフェースを顧客にもオープンにすることで，顧客との協働開発も促進されることになる。

3 ICTの進展と製造業の競争優位源泉

3.1 ICTの高度利用と製造業差別化の必要性

Internet of Thingsは，ICTビジネスと「Things」である製造業の融合である。現在，AIやIoTに関連したICTとその業界が発信する情報に注目が集まる傾向にあるが，むしろ「Things」を持つ製造業のあり方が，そのビジネスの動向を大きく左右することに注目すべきである。

製造業における生産現場は，日進月歩の進化と改善がその企業の大きな競争優位の源泉になる。生産現場におけるイノベーションは，機械装置の進歩すなわち生産技術の革新に加えて，そのシステムを運用するための技術すなわちプ

121

ロセス技術にも注目する必要がある。製造現場での技術やノウハウはこのプロセス技術であり，これがモノづくりのための組織能力の源泉であり，各企業固有の資源であり，差別化を図れる競争優位源泉である[21]。

　過去，生産技術については，NC工作機械[22]や産業用ロボットなどさまざまな自動化が進展した。これはFAの進化であるが，しかしながら実際は装置それ自体の性能は上がったものの，生産工程を変えるような大きなイノベーションは起こっていない。例えばNC工作機械のプログラムの命令文やその制御するコマンドは，過去数十年変わっていない。つまり現場の作業員の能力と組織能力とで製造現場の改善は進められているが，製造業を変える変革が起こっているとは言えないのである。しかし現在，ICTとこうした製造現場の機器が接続することで，両者が融合し，製造現場も大きく変わろうとしている。

　ここで強調されるのは，単純に情報通信システムの利用だけでは製造業の競争優位を確保することができないことである。製造現場における生産技術とそれを運用するプロセス技術も大きく変革する必要がある。これにはICTの利用が有効である。そこで先の章で整理した新しいICTの特徴である「可視性」，「リアルタイム性」，そして「最適化」，「自律性」という観点から，こうした技術をどのように利用すれば製造業の競争優位を保てるか，次項以下，議論することにする。

3.2 AIの製造業ビジネスへの応用

■ AIの定義

　まずは「最適化」を実現するコア技術であるAIについて，製造業への影響という観点から，再度その特徴について整理してみる。正しくAIを認識して利用することが，製造業の発展，さらには製造業のサービス化についての正しい認識と理解，発展へとつながっていくと考えるからである。

　AIは「人工知能」と訳されるが，明確な定義があるわけではなく，そのため「人工知能」から得られるニュアンスによって，専門家であってもその文化的な背景によりその定義が異なってくる[23]。ここでは基本的な2つの点を明確

第5章　新世代ICTと製造業のサービス化

に指摘する。まずAIはソフトウェアであり，例えば人型ロボットでイメージされるようなハードウェアの要素はない。つまり情報の入力を通して何らかの結論を導くものであり，ロボットから連想する人工的な造形は，そのアウトプットを表現する方法である。

　次のポイントとして，従来のコンピュータ・プログラミング，すなわち人間がさまざまな条件文を作成して作ったソフトウェアとは原理が異なることに注目する必要がある。従来のソフトウェア技術ではさまざまな条件文を人間が記述して論理構造をコンピュータにプログラムとして読み込ませて動作させる。一方AIの基本的な原理である機械学習は規則や計算式をプログラムするのではなく，情報の入力（事象）と出力（結果）を与えることで，その関係性を自律的に学習させ，モデルを作っていくことになる。

■ 2つのAI

　ここで問題になるのは機械学習の「学習」した論理である。特に深層学習によるAIの自律性は，人間との対比であたかもそこに無機質であるコンピュータに人間のような意思を感じてしまいがちである。そのためAIは人間の脳の再現であると理解し，不完全な「人」が何をするかわからないというある種の恐怖感を覚えるかもしれない。つまりAIを持つロボットが学習と成長を遂げることで人間と同等あるいは超える存在になるという議論である[24]。

　人間の脳を理解する目的で，AIが脳と同じような働きを追求する研究が進められているのは事実であるが，ビジネスへの応用は目的を異にする。ビジネスでは，AIを用いて現在の社会や生活で人間をサポートするための道具として捉え，利用する方法の追求，現実的に人のサポートができる機能を高め，それをビジネスへ応用する道を目指すべきである。本書の目的は，後者，すなわちAIをどのように製造業のビジネスに活用できるかを探ることにある。

■ 強化学習の有効性[25]

　人間の子供であれば，学習教材を置いておけば何らかのアクションが少しは

123

期待できるが，AIを実現するコア技術である深層学習では，はじめに明確に学習方法を決めて，データを投入しなければならない。その方法の１つは教師付き学習と言われるものであり，インプットした情報に対して，アウトプットを対応させるやり方である。これは試験問題に対して，正解を関連づけることで学習させる，反復練習の１つである。この方法の限界は，インプットした情報の範囲以内でしか有効な結果を導き出せない点にある。つまり今まで想定していない条件が起こった場合，コンピュータは動作できない。

　こうした機械学習の方法は，そのときの状況のみで目の前の選択問題を解かせているようなものである。ところが人間の実際の行動では，選択肢を選ぶのはその後に起こることも考えて選ばれる。例えば空腹時にラーメンを食べることは，今の空腹時の状況を考えると正解であるが，今後起きること，例えば体重増，健康診断の結果，あるいはその後に会う人との関係を考えると，我慢を選択するかもしれない。実はこのように学習していく方法が強化学習なのである。強化学習においては，探索性と報酬，そして価値が重要な考え方になる。先程の選択肢であるならば，空腹時にラーメンを選ぶことは自分の満足度を満たす（報酬が高い）ことで選ばれる可能性がある。しかしここに「価値」を考えると，ラーメンを食べることで，自分の大事にしている価値，例えばこの場合はダイエットとした場合，ここでラーメンを食べることは将来の体重増につながり，価値を上げないと判断すれば，今回はラーメンの選択を我慢することになる。探索性が大事なのは，それでは一体どの昼食を選べば，将来的な価値が増大するのか見つけ出すことにある。強化学習により，食べた昼食と体重，自分の満足感，前後の食事，その他職場からの距離などを含めて学習を行えば実はその人のその時々の状況における最適な昼食が選べるようになる。大事なことはその場限りの満足（報酬）ではなく，将来得ることができる価値の最大化がその瞬間の選択肢を決定づけることになる。実はこうした「価値」を設定せず自然界の法則に従うことで最適解が見つかるという方法もある。それが先の量子コンピュータで説明した「アニーリング」である。

　この方法を用いるとある程度の情報は人間が用意して入力する必要があるも

(1) 教師あり
行動と結果の
関係を学習。

(2) 教師なし、強化学習あり
結果に至るプロセスを学習。

(3) 教師なし、強化学習なし
因果関係ではなく、
データの特徴を抽出。

(筆者作成)

図5-2●機械学習の方法

のの，AIのほうで自律的にモデルを作成する。そして自らのニューラルネットワークで自律的にシミュレーションを繰り返し，モデルをさらに強化していく。最大の長所は，今までの学習で想定していない条件化でも，足りない条件を自らの手でデータ生成して補い，それに基づいてモデルの補修をすることである。これにより，より複雑な事象についてモデリングが可能となり，動的に動作する環境でもシステムが扱えるようになる。

これら2つの方法は，人間がデータのインプットと正解であるアウトプットを提示することから教師が生徒に教える形態となるが，教師がない学習の場合，正解を設けていない以上，その結果はインプットデータの特徴を示すこととなる。例えば因子分析やクラスター分析のように，集めてきたデータの構造を見つけることができる。人間が見つけ出すことができない大量データの因果関係を，統計的な方法ではなく，数学的な方法論により見つけだせるのが特徴となる（図5-2）。

4 製造業への応用とAIの問題点[26]

■ 機械学習の弱点と課題

深層・強化学習の特徴は，システムが自律的に学習を行うようになり，それに従い環境変化に逐次追随できることにある。学習されていないデータ，すなわち想定外の状況が発生した場合，そのデータを自律的に取得し，それに従って機械が動作する。人間の好奇心に近いシステムであると言える。しかし問題

は，コンピュータは「意味」を未だ理解していないことである。人間が試験勉強で人のノートで一夜漬けを行っても，単に語句や公式を記憶にとどめているだけで，物事の関連性に解釈や洞察を加えたりしていないのと同じことである。

　現在のAIはほぼこれと同じ状況であり，膨大なデータを投入しても，そこからある規則付けを行ったり，パターンを覚えることはあっても，人間のようにそこから「意味」を理解し，何らかの行動を行うことができない。

■ 採るべき戦略～確実性と網羅性～

　これまで述べてきたことを換言すれば，AIにより導かれた結果は100％正しいわけではないということである。人間にはヒューマンエラーがあることを考慮すると，定められた手順で正解のある作業においては，機械学習方法を厳密に使うことで，AIが人間以上の成果を出すことは可能である。ただしマニュアルに載っていないことや未知の状況で，その場に応じた判断で対応することが求められるサービス分野では，人間のように臨機応変に対応することができない。そのため機械の出す結論の誤りをあらかじめ想定したシステムづくりが必要となる。

　AIを用いたシステム設計の場合，そのシステムに求める目的が人間を超えた確実性を追求することにあるのか，それとも90％起こることは機械に任せて，もしそれで対応できない事柄は人間がサポートするような網羅性を求めるのかで異なってくる。前者の場合は，より確実性が高くなるように1対1の条件設定をあらかじめ用意しておく必要があろう。後者の場合は，人間をサポートする存在としてシステムに組み入れ設計することは，人と機械を合わせた職場のオペレーションズ・マネジメントをシステム化することに繋がる。

■ 予防的学習という考え方

　製造業への適用を考えた場合，一番の問題は機械学習を用いたシステムがブラックボックス化しかねないことである。自律的に動作する強化学習型システムにおいては，さまざまな要因と結果との因果関係が容易にはわからないこと

第5章　新世代ICTと製造業のサービス化

になる。回帰式のようにある要因とその重みづけを1つの方程式で表すことができれば，因果関係は理解可能である。しかし例えば深層機械学習では，コンピュータのアーキテクチャーが多層化されているために，何が起こっているのかをユーザに対してわかりやすく明示することが難しい。

　例えば，想定外の動作を行った場合，あるいは品質管理にバラツキが出てきた場合，現場作業者の感覚と異なる結果が現れた場合，こうした状況において修正する方法が非常に難しくなる。原因は学習させてきたデータに問題があるのか，それともアルゴリズムや，それを含めたAIライブラリー（プログラムと学習したデータの構成物）にあるのか，そもそも現場感覚をどのようにデータに反映させたらよいのか，どこに原因があるのか問題の識別が難しくなる。

　以上のことは，AIを用いたシステムを活用するためには今までと異なるノウハウと運用方法の確立が求められることを意味する。従来は，さまざまな因果関係をシステム運用の前に想定したテストを行い，発生した問題の因果関係を探索し，システムを補修，最終的に運用状態に導いてきた。運用の結果はあらかじめ設計されたモデルとプログラムに従い，オペレータが問題原因を特定してきた。しかしAIを用いたシステムでは，こうしたシステムをテストする環境を事前に準備するのではなく，システムを成長させ完成に導くための，教育手順を踏むことに重要性が置かれる。つまりプロトタイプの段階でシステムを出荷し，そこから機械学習のためのチューニングを徹底して行うことが求められる。この場合のチューニングはさまざまな環境下で，システムにできるだけ多くの経験を積ませることで，運用段階で予想される課題や困難に備えることができる。つまり予防的に学習させておくことが必要となってくるのである。

■ パラダイムを変える必要性

　製造業において，IoTへの普及を阻む要因はいくつかあるが，1つにはセキュリティへの懸念がある。すなわち企業の持つ製造技術の流出や顧客情報，さらにはハッキングによる機械誤作動の懸念が大きい。

　それとともに指摘されるのは，従来の製造業のパラダイム，大量生産を前提

127

として考えているために，AI導入に伴い今までにないコストと手間がかかること，そして実際の作業に要する時間を気にする傾向がある。しかし生産に関する前提を大量生産から言わばテイラーメード型へと変えることで，AIを利用した生産システムの優位点が明らかになる。

　例えば金属加工においては，プレス加工を採用することで，一度金型ができると短時間に大量の生産が可能となる。しかし金型をつくるための初期投資に費用がかかり，また細かいレベルで仕様を変更することができない。しかし金属を削り出す方法を用いると，1台の機械で作り出す速度は遅くなるものの，仕様変更はコンピュータを操作すればすぐに可能であり，生産数も柔軟に変更できる。加工の手間はプレス加工など他の大量生産を前提とした生産手法よりも格段に手間が掛かる部分があり，当然加工コストを押し上げる。しかしこれについては，必要な機械を大量に揃えることで規模の経済を実現し，コストの上昇を抑えることが可能となる。この方法により仕掛品が少なくなりコストも削減でき，また少ないロットでの生産が可能となる。すなわち多品種少量生産が可能となる。この方法は台湾のEMS企業である鴻海（ホンハイ）とアップル社が，「iPhone」の前面と背面のガラスに挟まれた縁部分や「iPad」における背面の筐体を金属の削り出しで造るために，数千台の切削加工機やレーザー加工機を導入して実現している方法である[27]。

■ 製造業の技術と競争優位の源泉

　生産方式とともに考えなければいけないのは，企業の競争優位の源泉である「技術」をどのようにAIの時代に合わせて構築していけば良いのかという点である。ライブラリーとはプログラムと学習したデータの構成物であり，各企業により蓄積されるものである。ある製造業に特有で模倣困難である，つまり競争優位である生産工程をAIのライブラリーとして，その開発をIT系企業に任せることは，情報を吸い取られるだけで，その製造企業にとってほとんどメリットがないと考えられる。こうしたビジネスは，一早く情報を収集した，あるいは資本力にモノを言わせて情報を集約した企業や団体に大きなメリットが

第5章　新世代 ICT と製造業のサービス化

あるだけである。

　またIT系企業が集めた膨大な情報を元にしたライブラリーについて考えれば，先に述べたように製造現場は個々の企業独自のノウハウの塊であり，他社の最適化事例がそのまま当てはまるわけではないということから限界が見える。つまり，高額で自社に役に立つのかわからないライブラリーを購入することの意味は見いだせないであろう。

　また熟練工の技術であり，「匠」の技術はその会社の競争優位源泉であり，企業生き残りの重要な宝である。この技術をICT企業や，サービス会社が「データとして吸い上げ，それに基づいて機械学習のライブラリを作り，その権利はすべてそれらICTやサービス会社の方に属す」，というモデルに対して，製造業企業はビジネスとして協働するインセンティブ持たない。

5 AIの活用による製造現場の革新

5.1 工程設計支援システムと熟練工の技術

■ 「匠の技」は最適解ではない

　先の章で明らかにしたように，AIおよび量子コンピュータにおけるアルゴリズム上の目的は「組み合わせ最適解」を求めることにある。つまりその目的は最も効率的に「ある成果」を出せるかということにある。しかし製造現場においては，ソリューションに必ずしも最適解が求められる必要はない。「匠の技」というのは，ベストの技術を示すものではない。というのも，何がベストなのかはそのときの状況によって微妙に異なるからである。切削加工では，ある材料を削り出し切断して必要な部品を作り上げるが，その際，材料の個体差を吸収して，機械が圧力を加減して機械そして素材が壊れないように削り出す。このような場合，ある適用分野ではAという技術が最も良いということになるし，ある場合にはBという技術が最適かもしれない。あるいは企業の好みによってCという技術を選んだほうが，実は取引先企業で加工が柔軟にできるた

129

めに，より良いということも出てくる。

■ 顧客にとっての最適な技術が選べること

　つまりその適用領域と顧客の要望により，必要な（最適な）技術は異なってくるのである。そしてこのような技術の差が，それぞれの強みのある技術となってくる。これと同じようにその企業が持つさまざまな固有の技術が表現されたAIのライブラリーが準備されることが重要となってくる。この領域におけるチャレンジは，ICT業界の企業では限界がある。このように，製造業自身がAIを用いて自社の競争優位を確保しておく必要が出てくることを示している。

5.2 工程設計支援システムの現状と課題

■ 工程設計支援システムの現状

　製造業における多品種小量生産化は，生産リードタイムの短縮だけでなく人的稼働の削減も求められる。現在旋盤機械の自動化は，機械のオペレーションについては進んでいるものの，その前工程である準備工程，使用工具や加工順序などの加工作業を行うための情報準備に時間がかかる。前準備に時間がかかっていては，生産リードタイム全体の短縮にはつながらず，準備のためにも多くの熟練した作業者が必要となってくる。そこで，従前より作業者が担っていた工程設計を自動で計算する工程設計支援（CAPP：Computer Aided Process Planning）システムの開発が進められている。

　しかし現状のシステムではアルゴリズムに依存した自動化であるため，あとで調整（チューニング）する作業はあるものの，基本的には決まった条件と環境下で動作させることを前提とする。ところが，さまざまな加工技術において，材料も含めて同一の条件のもとで製作されることは少ない。例えば削り出し加工の場合，その材料がすべて均一ではなく，凸凹が存在するため，決まった圧力で加工することで材料と機械自体に負荷がかかり，故障の原因となる。また加工する材料をどのように分割していくかを考えるには，加工する材料の形状

130

第5章　新世代 ICT と製造業のサービス化

が規格化されていても，その切り出す形状が異なるために，毎回高度な計算が
必要となってくる。順番，すなわち加工するための機械の調整や加工する範囲
の決定などは，実際この計算をコンピュータで計算しても，熟練者がその経験
でプロセスを決めるほうが遥かに早く正確に決定できることがわかっている。
そこでこのような決まったアルゴリズムで動作する現状のシステムは，汎用的
な製品においてのみ適用が可能となる。

■ 熟練作業を機械化することの問題点

　多品種少量生産を実現するためには，さまざまな条件や環境に対して柔軟に
対応できるシステムが必要となり，そのためには熟練作業者の持つさまざまな
ノウハウを形式知化する必要がある。しかしこれは容易ではない。単に工場内
の熟練者の動作をビデオで記録し，データを収集するだけで，匠の技が伝達可
能になるわけではない。熟練作業者はその作業をするためにはさまざまな背景
情報を取得し，それをもとに実際の作業を判断している。例えば，素材の細か
なクセや工具の具合，またそれ以外にも例えば顧客の要望や今までの顧客との
取引内容から，契約書以外の情報，さらには前後の生産計画を勘案し作業を
行っている。こうした背景データは作業者の中にある暗黙知として持っている
ため，それをどのように形式知として集めてくるかという問題がある。こうし
たデータは，実際に作業する熟練技術者でもうまく形式的なデータにすること
ができない。

　また単にデータを取って集計しただけでは，データを平均値化して丸めてし
まうために，大まかな傾向は把握できたとしても，熟練技術者が実現する非常
に特徴的で高精度の作業は再現できない。また業界，企業を跨いだデータを取
得しても，それを用いたシステムが実用に耐えることができるか疑問である。
そもそも企業によって同じ装置を使っていても，その使い方はバラバラである。
多くの現場では装置メーカの推奨している条件や環境で装置を利用しておらず，
実際は製造業者でも納品企業での実際の使い方はよく把握できていないことが
多い。つまりいろいろなデータを混在させて取得し分析しても，あまり意味の

131

ない結果にしかならないのである。

■ 機械学習による工程設計自動化

　ここで熟練者のノウハウを生かした機械学習による自動化のアイデアが提案される。従来の工程設計の自動化は，すべての工程の組み合わせを算出する。そしてその際の決定項，例えば工具経路長の最小化，を決めて，最適な工程を自動設計することになる。しかし，この方法ではまさに「組み合わせ最適解」の問題となるため，すべての工程の組み合わせを算出することに膨大な計算時間がかかる。さらにはその決定項については，工具経路の長さがだけがその工程を決める要因ではなく，熟練者は他にさまざまな背景情報をもとに決めている。そのため，こうした工程設計の自動化は限界があるものとして現場では受け入れられないものになる。

5.3 工程設計自動化における新たな取り組み[28]

■ 技能者のこだわり：技能にはクセが潜んでいる

　ここで神戸大学大学院工学研究科 コンピュータ統合生産工学研究室の白瀬敬一教授，西田勇助教による機械加工用工程設計支援システムの研究内容を紹介する。

　このシステムの大きな特徴は，すべての工程の組み合わせを算出するのではなく，熟練者の工程設計能力自体を求めることで，より効率的かつ適切な工程を設計することが可能になると考えたことである。具体的には，作業する際のさまざまな判断や実際に実行した作業工程について，熟練作業者と対話するシステムを作成し，話の内容から熟練者のクセを読み取るシステムである。

　このシステムの特徴は，例えば熟練者が3人いた場合，それぞれのクセを個別に情報として持つことができる。そして実際に工程設計した場合，この3人のクセを反映した三通りの工程設計が出来上がる。従来であれば熟練者が設定した工程設計は一通りしかなく，他に設計案を作ることは時間的にもコスト的にも行われない。

132

第5章　新世代ICTと製造業のサービス化

　そして三案のどれが最適なのかは，その時の背景情報（顧客の要望や資材・機械の状況など）に基づいて現場で意思決定できる。つまり従来よりも選択肢が増えることから，より良い工程設計案が採用できるし，また顧客の個々に異なる要望や好みを反映することができる点で，より適切なカスタマイゼーションが提供できる。

　工場や企業全体としての量的なアウトプットの向上という視点に立てば，次のことが言えるであろう。1つは熟練者のクセを形式知化することにより，他の設計者への技術の伝達・伝承が可能になるということ，そして熟練者それぞれ3人の設計アプローチの部分最適が，総和としてのアウトプットの向上につながる。もしこのようにして熟練技能者の意図とその作業におけるノウハウをライブラリ化することが可能となれば，それは，その企業の競争優位となる技術であろう。複雑な技の伝承も企業内で可能となるし，また経験の浅い作業者のトレーニングになる。またこのライブラリーは，他の作業内容にも反映可能ということで，システムの多重利用の可能性を開く。

■ 生産自動化システムによる新たな価値

　さらにこのシステムでは，従来よりも工程設計の精度の向上と新しい付加価値が期待できる。例えば熟練者3人が話し合って，より良い革新的な工程を考えることはありえるだろう。しかし現実的には，それぞれの熟練者が持つ技術は暗黙知化しているため，話し合いそのものが難しい場合がある。このシステムを用いれば，熟練者それぞれで工程を決定するための情報を蓄積しているため，それを組み合わせて計算することにより，全く新しい工程設計案が得られる可能性がある。つまり単なる工程の部分最適化解の総和ではなく，複数の熟練者の技術が融合することで，全体としてこれまでにない工程設計書が計算により生み出され，そのことが付加価値を生む可能性がある。

注

1 前掲Industrie 4.0 platformより。

2 南知恵子・西岡健一（2014）『サービス・イノベーション』有斐閣，第6章 pp.163-184。

3 SAP Cloud Platformがその中心的なプラットフォームサービスである。
詳しい説明は，SAP Cloud Platformのサイトを参照のこと。online at
https://cloudplatform.sap.com/index.html
SAP社の貢献については，日本語であれば以下のSAPジャパン社の公式ブログ
の記事が参考になる。
"Industrie 4.0におけるSAPの貢献" 作成者：大西嘉明，投稿日：2015年2月23日，
online at https://www.sapjp.com/blog/archives/10462

4 前掲Baines and Lightfoot (2013), Grubic (2014)。

5 前掲Ford *et al.* (2003).

6 Kowalkowski, C. Kindström, D. and H. Gebaur (2013) "ICT as a catalyst for service business orientation", *Journal of Business & Industrial Marketing*, 28 (6), pp.506-513.

7 例えば前掲のBaines and Lightfoot (2014), Grubic (2014).

8 Roussel, P., Saad, K. and T. Erickson (1991) *Third Generation R&D*, Boston: Harvard Business School Press.

9 Teece, D., Pisano, G. and A. Shuen (1997) "Dynamic Capabilities and Strategic Management", *Strategic Management Journal*, 18 (7), pp.509-533.

10 Helfat, C., Finkelstein, S., Mitchell, W., Peteraf, M., Singh, H., Teece, D. and S. Winter (2007) *Dynamic Capabilities: Understanding Strategic Change in Organizations*, Oxford :Blackwell.

11 Teece, D. (2009) *Dynamic Capabilities and Strategic Management: Organizing for Innovation and Growth*, Oxford: Oxford University Press.

12 Zhou, Z. and F. Wu (2010) "Technological capability, strategic flexibility, and product innovation", *Strategic Management Journal*, 31 (5), pp.547-561.

13 Möller, K., and P. Törrönen (2003) "Business suppliers' value creation potential: A capability-based analysis", *Industrial Marketing Management*, 32 (2), pp.109-118.

14 Barge-Gil, A. (2010) "Open, Semi-Open and Closed Innovators: Towards an Explanation of Degree of Openness", *Industry and Innovation*, 17 (6), pp.577-607.

15 Cohen, W. and D. Levinthal (1990) "Absorptive capacity: A new perspective on learning and innovation", *Administrative Science Quarterly*, 35 (1), pp.128-152.

16 Mol, M. (2005) "Does being R&D intensive still discourage outsourcing?: Evidence from Dutch manufacturing", *Research Policy*, 34 (4), pp.571-582.

第5章　新世代ICTと製造業のサービス化

Cassiman, B. and R. Veugelers（2006）"In Search of Complementarity in Innovation Strategy: Internal R&D and External Knowledge Acquisition", *Management Science*, 52 (1), pp.68-82.

17　藤本隆宏・朴英元（2015）『ケースで解明　ＩＴを活かすものづくり』日本経済新聞社。

18　例えば，藤本隆宏（2004）『日本のもの造り哲学』日本経済新聞社。

19　中沢孝夫・藤本隆宏・新宅純二郎（2016）『ものづくりの反撃』筑摩書房，p.107ではコンデンサーを例にとり説明している。

20　前掲熊谷昭彦（2016）。

21　例えば，藤本隆宏・キム B. クラーク（2009）『（増補版）製品開発力―自動車産業の「組織能力」と「競争力」の研究』ダイヤモンド社。

22　Numerically Controlled Machine（数値制御機械）。

23　野村直之（2016）『人工知能が変える仕事の未来』日本経済新聞出版社。

24　シンギュラリティレイ・カーツワイル（著）井上健（監訳）『ポスト・ヒューマン誕生―コンピュータが人類の知性を超えるとき』NHK出版（"The Singularity is Near:When Humans Transcend Biology"）

25　本書の強化学習，一部機械学習の内容については，下記の文献を元にしている。Sutton, R. and A. Barto（1998）*Reinforcement Learning: An Introduction*, Cambridge, MA: The MIT Press.［三上貞芳・皆川雅章訳（2000）『強化学習』森北出版］。また第二版のドラフトがインターネット上で公開されているため，一部差分を参考とした。
Reinforcement Learning:　An Introduction,　Second edition, in progress available at
http://incompleteideas.net/sutton/book/bookdraft2016sep.pdf <accessed at 17th May 2017>.
また以下の日経ビッグデータの記事も参考にした。
大野健太（2015）「ニューラルネットの歩んだ道　ディープラーニングの登場で全てが変わった」，『日経ビッグデータ』2015年05号，pp.30-32。

26　本項の作成にあたり，前掲文献以外に以下のインタビュー記事を参考。
「トムM・ミッチェル氏のインタビュー記事」『日経ビッグデータ』2015年3月号，pp.22-23。
「デビットM・ブレイ氏のインタビュー記事」『日経ビッグデータ』2015年12月号，pp.16-17。

27　大槻智洋「第2回：工作機械の大量導入で応える」，『日経エレクトロニクス』，2011年1月10日号，pp.75-76。

28　本節全体は，2017年4月4日に行った神戸大学大学院工学研究科コンピュータ統合生産工学研究室白瀬敬一教授，西田勇助教に取材した談話を一部参考にしている。ありうべき誤謬はすべて筆者の責である。

135

第6章

製造業のサービス化移行モデルと促進要因

　本章では前章までの議論を踏まえ，製造業がサービス化へ移行する際の促進要因として，企業の持つ技術およびICTそれぞれの論点を確認し，その論点に関するケーススタディとして事例を紹介する[1]。その上で，サービス化への発展における必要要件を比較分析により導き出す。ここでは4つの事例を分析するが，まず，ICTイネーブリングの例として，BtoB向け中間資材のECサイトを展開する商業者の事例を取り上げる。そして，3つの製造企業のサービス化への展開事例をもとに議論する。

1 ICTとビジネスの成長要因

1.1 ICTはビジネスを成長させるのか

■ICTの特徴と企業成長に関する論点

　ICTの特徴と企業成長の関連について，事例をもとに検討する。その際に論点となるのは，以下の3点である。

（1）　ICT利用の程度

　その企業は，ICTをどの程度企業システム内に取り込んでいるのか。企業のリソースとICTの関係について調査する。

137

（2） ICT利用の高度化と企業成長の関係性

ICTを高度に利用することが，どのような要因で企業成長モデルと関連するのか，特に飛躍的成長要因とICTの関係について調査する。

（3） ICT利用の特徴

企業が採用したビジネスモデルと高度なICT利用の関係について，それらが組織構造に与えた影響について調査する。

■事例として取り上げた企業の妥当性

本節では製造業の間接資財を企業間で取引するインターネットサイトを運営している株式会社MonotaROを取り上げる。この企業を取り上げた理由は，以下の3点となる。

（1） ICTを積極的に利用することで急速に成長していること。

（2） 間接資財を取り扱い，企業間取引（BtoB）であることから，製造業の取引との親和性が高いこと。

（3） 技術の要素がICTにほぼ限定できるため。PB商品等，一部委託生産を行っているものの，生産設備や技術自体を持たないという点で，今回の論点であるICTとの関連が明確である。

1.2 事例：株式会社MonotaRO[2]

■企業概略

株式会社MonotaRO（モノタロウ）は2000年に日本の大手商社住友商事と米国グレンジャー社との合弁ベンチャーとして設立された。2009年に東証一部に上場し，オフィスでの事務用品，工場や作業現場などで使う工具や消耗品などの商材（間接資財という）をBtoBでオンライン販売している。現在，本社は兵庫県尼崎市，物流センターを尼崎と宮城県多賀城市に持つ。

2016年12月現在の売上高696億円，経常利益95億円である。

■ ビジネスシステムの**特徴**

　間接資材は製品の原材料である直接資材よりも品目数が多いが単価が小さく，資材の購入先が多岐にわたるため，企業にとって管理稼働が大きい。実際，通販サイト「モノタロウ」が取り扱う品目数は1,000万点にも上る。従来，間接資材の販売は，カタログを持った営業担当者がこまめに顧客企業を訪問して，商品の補充や新たな商品の受注を聞いて回っていたが，MonotaROでは自社のECサイトとカタログだけで業務が完結する。

　一般に企業が必要資材を調達するには，仕入先企業の営業担当と接触し，価格交渉，見積もり，発注，納期確定，納品というプロセスを経るが，これを間接材の取引に適用すると調達に非常に時間とコストがかかる。中間資材の販売側企業から見ると，大手企業相手の取引では，大量一括発注だがボリュームディスカウントを求められることで利幅が薄くなる。そこでMonotaROでは，少量を必要に応じて注文してくる中小企業をターゲット化することに大きな商機があるとみて，ECサイトを構築することによる簡便な受発注システム，品揃えの充実と短い納期を焦点にビジネスを拡大させてきた。

■ **着目**したビジネス**内容**について

・インターネット受発注システムの導入

　会社設立後からECサイトを構築していたが，設立当初の新規顧客開拓の主なマーケティング手法は商品を掲載したカタログやチラシ，FAXを顧客に送付する「アウトバウンド型」であった。このビジネスが変化したのは，2004年に導入した自社開発のインターネットを利用した受発注システムの導入を契機としている。

・インターネット・マーケティングの活用

　インターネット広告の普及・進化により，キーワードサーチやリスティング広告をマーケティング手法として実施することが可能となった。キーワードサーチは検索している新規顧客を増加させる。つまり，新規顧客開拓は検索エンジンを経由した「インバウンド型」にシフトする。さらに，ECサイト上で

の取扱品目拡大によって「ロングテール」戦略を適用することが可能となっていった。

• ロングテール戦略

ロングテール戦略とは，オンライン取引により，取引数が少ない品目でも扱い点数を増やすことができ，総顧客数を増加させることによる売上拡大を目指す戦略である。換言すれば，これを実施するためには，ある程度の数の顧客基盤をまず持たなければならない。そのためには，売れ行きのよい商品カテゴリーを提供することで顧客を吸引することに主眼が置かれることになる。そこで売れ筋を的確につかむ仕組みがシステムに求められることとなった。

• 絶え間ないシステム能力増強

次の問題は取引品目数の増大に伴うシステムへの影響である。特にBtoBの場合，顧客企業の特性により需要品目に特徴があるため，顧客が増えるにつれて求められる品目数も増えてくるが，1品目当たりの購買点数は多くない。また，取扱品目数の増加に従い，データベースを含めたシステム全体に負荷がかかる。過度な負荷は，処理能力の低下を招き，その結果，Webサイトの応答が著しく遅くなっていく。そのためにもMonotaROは取扱品目を拡大させる一方で，同時に情報通信システムに対する投資や新しい技術を積極的に取り入れてきた。

• 新しい技術の積極導入

2008年には，データマイニングソフトを導入した。これは顧客の属性や購買実績などのデータを機械学習により分析し，何をどの顧客に提供すればよいのか，その最適化を図るためであった。2009年には，キャンペーンマネジメントツールを導入し，どのタイミングで実施するかを知り，ダイレクト・マーケティングの精緻化・高度化を行っている。

• リアルタイム性の向上

顧客がサイトをみて必要な商材の在庫がある場合とない場合では，購買に至る成約率が異なってくる。そのため調達リードタイムを短縮するとともに，できるだけ多くの商品の在庫を物流センターに保有する必要が生じる。しかし在

庫の保有にはコストとキャパシティの問題から限界がある。

　そこで分析ツールの導入により，どのようなものが売れ始めているか，どのようなタイミングに売れるのかをモデリングし，効率的な在庫管理を行うようになった。また価格プロモーション（キャンペーンコード）を行った場合の弾力性もモデリング可能となった。つまり，キャンペーンの有無のグループ間比較における購買実績に基づく効果測定を行ない，効果のあるものだけに絞ってクーポン券を発行することで効率的なマーケティングが可能となっている。顧客に対して在庫が見えるようにすることが受注に繋がることはわかっており，受発注の処理バッチを15分単位で在庫管理システムと基幹システム間で連携させており，リアルタイムでの在庫管理とその情報を顧客に対して透明性を持たせている。

1.3 ICTの特徴とビジネス進化の促進要因

■ ICT利用の特徴とビジネスモデル

　MonotaROのビジネスシステムでは，ECサイトとカタログだけで業務が完遂するため外勤の営業担当者を必要としない。むしろECサイトと受発注・在庫管理システムそしてサプライチェーンを高度に統合化し，分析能力を高めることにリソースを重点的に向けている。

　そのMonotaROのビジネスシステムは先述した「ロングテール」戦略である。この戦略を実現するためには，品揃えの「幅」と「深さ」が重要となってくる。すなわち，できるだけ取り扱い品目を多く取り揃えること，そして取引先数を増加させることである。そこで，「取り扱い品目数」と「登録ユーザ数」が重要な業績指標となる。

　また間接資材に特徴的なこととして，ユーザが欲する商品の在庫により発注の成否が決まってくる。つまり在庫がない場合，ユーザは取り寄せに要する時間を待たず，他の業者へ問い合わせを行う。つまり「在庫取扱品目数」が大事な指標となり，またリアルタイムでの在庫管理が求められることになる。MonotaROでは，在庫管理と受発注処理を連携させることでリアルタイム性を

向上させ，さらに販売実績を高度に分析することで，取り扱い1,000万点のうち在庫商品は30万点であるが，注文の8割が在庫商品としてヒットできるようになった。

ICT利用の高度化と企業成長の関係性

図6-1は，2007年から2016年12月現在のユーザ登録数，在庫取扱品目数，そして取扱品目数の推移を示す。2010年頃から，ICTが大きく進歩したことで，データベースを含めたシステム全体の能力が大きく向上したこと，そして機械学習やデータマイニング技術を積極的に投入した効果が出てきた。つまりシステムで処理できる能力が劇的に向上したことにより，取扱品目数と取扱在庫品目数を大幅に増やすことができるようになった。その結果と，登録ユーザ数を大幅に増やすことができ，MonotaROの売上は劇的に向上することに成功した。

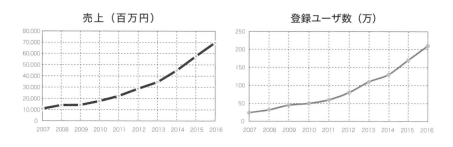

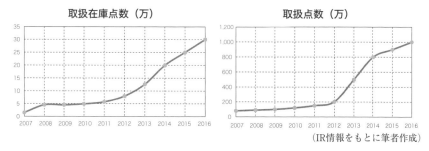

(IR情報をもとに筆者作成)

図6-1 ● MonotaROの主要実績指標（2007年〜2016年）

第6章　製造業のサービス化移行モデルと促進要因

■ ICT利用はどの程度か

　現在，MonotaROは機械学習やデータマイニングといった高度な分析システムを，主にマーケティング領域で使用し，ソフトウェアでプロモーションの決定を行っており，価格の設定のような高度な意思決定についても最終決定は責任者の介在によるが，部分的に自動化しつつある。このようにMonotaROは，第4章で示したICTの特徴を高度に利用しているが，それに伴い業績を上げ，急速に成長をしている。特筆すべきこととして，ICTの利用段階が高度化するにつれて，成長の度合いが上がっていることである（図6-1の2012年以降に顕著）。データマイニングや機械学習を初期の頃から積極的に取り入れ，それらを使いこなせるITやデータ分析のエンジニアを増やしているが，これにより，マーケティング・プロモーションの精度向上による売上への影響だけでなく，適切な在庫管理が可能となり，経営上の利益が大きい。また物流倉庫内においても，新たなピッキングロボットや商品を3次元スキャンして最適なサイズに梱包する箱を自動で作る装置を導入するなど，新しい技術を積極的に取り入れている。このような技術を積極的に取り入れる姿勢とその組織能力がMonotaROの成長の源泉である。

2 製造業のサービス化促進要因としての技術

2.1 サービス化促進における中核技術への注目

■ 中核技術とサービス化ビジネスシステムに関する論点

　第2章および第5章で示した製造業のサービス化モデルとその実現条件について，特に中核技術との関係に着目して，事例研究を行う。その際に論点となるのは，以下の3点である。

（1）　製造業サービス化の程度

　事例で示すプロジェクトは，ビジネスのサービス化をどの程度進めているのか。また顧客から求められている条件とその実現方法とはどのようなものか。

143

（2） 中核技術と製造業のビジネスモデル

　企業の中核技術が，どのような要因で事例で示すプロジェクトの目的を達成するのに貢献したか，また中核技術の発展に伴い，製造業のビジネスモデルがどのように変化したか。

（3） 外部リソースの活用について

　製造業のサービス化に必要なリソースをどのように調達したか，特に自社内に存在しない外部リソースをどのように活用したか。

■ 事例研究として取り上げる妥当性

　本節ではダイキン・ヨーロッパ社が行ったイタリア・ミラノでの空調システム導入プロジェクトについて取り上げる。このプロジェクトを取り上げた理由は，以下の3点となる。

（1） 環境保全とコスト削減を両立したプロダクトサービスシステム（PSS）の最適な事例であったこと。

（2） プロジェクトの遂行にはダイキンが持つ中核技術が必須であり，これらの技術の革新があることで，ビジネスのサービス化が進展するプロセスが明確であったこと。

（3） 必要な外部リソースの調達については，内部化と外部化の適切なバランスが効果をもたらしたこと。

2.2 事例：ダイキン・ヨーロッパ社[3]

■ 企業の概略

　ダイキン工業は消費者・業務用の空調会社として世界ナンバーワンの企業であり，2012年にフォーブスが選んだ世界で革新的な企業リストに選ばれている。ダイキン・ヨーロッパ社は1966年に設立され，ベルギーのオステンドに本社と工場が存在する。2015年3月現在，売り上げは1,845万ユーロ，約6,000人の従業員が働く。

144

■ 中核技術

・ヒートポンプ関連技術

　ヒートポンプは空調機能の提供において非常に重要な技術であり，その原理は冷媒を利用して熱交換を行うことである。具体的には，冷房時ヒートポンプは建物内から熱を取り出し外気に放出する。それとは逆に，暖房時は外気から熱を取り出し内部に熱を放出する。この方式を用いることで，石油や石炭といった化石燃料を利用したシステムに比べて非常に燃料効率が良くなる。また1台で冷暖房機能を提供するために，設備設置とオペレーション，そして保守コストの低減が期待できる。1970年にダイキン工業はこの技術を始めて家庭用エアコンに応用し商用化することに成功した。

・VRV（Variable Refrigerant Volume）技術

　ヒートポンプ技術を用いて，ダイキンは1982年にVRVシステムを開発した。この技術は大規模拡張性が高く，小規模のアパートから大規模なビルまで空調機能を展開できる。さらに大きな特徴は空調サービスのカスタマイズ機能である。この技術を用いると，1台の室外機で，容量の異なる複数の室内機を個別に運転することができる。1台のシステムで，冷房が必要な部屋には冷房機能を，暖房機能が必要な部屋には暖房を，それぞれに個別に調整できる。その他にも，店舗で，室内を暖房しつつショーケースを冷却することも可能である。集中管理ではなく，空間ごとに空調能力をカスタマイズできることは，最適なエネルギー効率を考えた空調・システムが可能となる。

■ ロンバルディア・プロジェクト[4]

・求められる条件

　2011年にイタリア・ミラノで完成したロンバルディア市庁舎は，39階建てでおよそ3,000人が働いているイタリア国内で最大級の複合ビルである。このビル全体の空調設備はダイキン・ヨーロッパ社が一括して受注し，設備を納めている。この受注には販売会社であるダイキン・エアコンディショニング・イタリア社が関わった。この大規模ビル全体への空調機能提供に対して，求められ

ていた要件は，以下のようなものであった。1つ目は高い拡張性である。この
ビルは39階建てであり，1,000を超える数多くの部屋があるために，それらを
効率的に，またそれぞれの部屋ごとに室温を調整できることが求められた。2
つ目はコストの低減である。多くの部屋を効率的に，低コストで室温調整でき
る仕組みが必要である。それとともに環境への負荷低減が求められていた。つ
まり経済的側面と環境面の両立ができる仕組みが求められていたのである。

• **実現方式の提案と実現**

　このプロジェクトは，ダイキン・ヨーロッパ社の営業部隊とともに，ビルの
設計事務所と設計コンサルタントとの情報収集から始まっている。ここで顧客
が望んでいることは環境と経済を両立させた空調能力の提供であることが認識
された。

　ここではエージェントと呼ばれるイタリア独特の営業組織が活躍している。
ダイキン・ヨーロッパ社はこのエージェントと包括的に契約を行い，システム
設計から製品の調達と工事の施工管理，アフターサービスまでのバリュー・
ネットワークを作り上げている。これにより，さまざまな用途開発の提案に対
してエージェントが重要な役割を果たしている。

　空調機能をシステム化して提供する場合，顧客の要望に応じたカスタマイズ
作業と環境への適合化作業がサービス提供段階で重要性を持つ。ダイキン・
ヨーロッパ社は空調システムを設置するサービスをインストーラ（施工業者）
と呼ばれる外部業者を通じて行っている。空調機能をシステム化して提供する
場合，顧客の要望に応じたカスタマイズ作業と環境への適合化作業がサービス
提供段階で重要性を持つからである。

■ 今後の挑戦

　現在，「サービス化」の段階を進めるためには，「パフォーマンスベース・
サービス」ではなく，「ソリューション提供」への移行を目指すことが大きな
目的となる。そのためには高度なICT利用が必要不可欠となる。空調機器の最
大手企業として，自社が提供した数多くの空調機器からオペレーションデータ

取得が最も容易にできる立場である。こうしたデータの蓄積と分析により，建物内のさまざまなエネルギーを効率的に利用するようなソリューション提案とシステム構築についてはさらに発展可能であろう。

2.3 製造業の技術とビジネスのサービス化の関係

■ 製造業サービス化の程度

　空調機能を個人用の小規模な範囲で提供していたが，それを産業用へと拡大させ，さらには空調だけでなく産業用の機器を接続することで，温度調整が必要なさまざまな要望に対して包括的にシステム提案ができるようになっている。さらには，中核技術を中心に多分野の技術を統合することで，PSSとして空調能力を向上させつつ，環境負荷低減とコスト削減を実現している（図6－2）。これらの段階で行われているのは，顧客要望に対応したシステムの提案であり，先に示したように，機能に着目したソリューション提案は次の段階への挑戦となる。

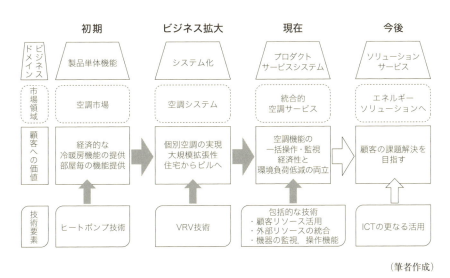

（筆者作成）

図6－2●ダイキン・ヨーロッパ社のビジネスのサービス化の進展

■ 中核技術のビジネスのサービス化

このような発展段階は，ダイキンの持つ中核技術がそれを可能としている。さらに現在提供しているPSSに関しては，顧客のリソースを有効活用していることが特筆される。ロンバルディア市庁舎のプロジェクトでは，建設地の地下に大きな地下水源が存在しており，ダイキン・ヨーロッパ社は，これを用いることで，効率的にも環境面においても都合の良いシステム構築が可能であると判断し，地下水を用いた水冷式VRVをもとにしたシステムを提案している。

今回のケースで発見したのは，さまざまな機器のシステム制御を行うための，機器の状態監視（モニター）と一元的にコントロールできるインタフェースの重要性である。

■ 外部リソースの活用

・内部化と外部化のバランスの重要性

「ソリューション提供」の段階に進むためには，異なるビジネス領域の製品やサービス，そして技術を識別し，内部で育成もしくは外部より獲得する必要がある。それとともに強調されるのは，製造業のサービス化を行うためには，すべてのリソースを内部化するのではなく，外部のリソースを有効に活用することである。つまり内部化と外部化のバランスが重要となってくる。

今回の事例では，営業や設置サービス機能などは外部リソースを積極的に活用しているが，一方で技術的なリソースに関しては次に示すように内部化を進めている傾向が見られる。また顧客サービスに関しても，サービスコンセプトの浸透のため，内部化を検討する必要性がある（**図6－3**を参照）。

・産業材分野での技術リソースの内部化

ダイキンには業務用に使われるシステム（applied system）分野のリソースが不足していた。2006年にはグローバルに業務用空調事業を行っているOYL社と業務用の空調機器メーカであるMcQuay社を，2008年にはドイツの製造企業であるRotex社を獲得した。例えばRotexは，ダイキンにない産業用の暖房機器，ボイラー，ソーラパネル，そして床暖房機器を持っている。今回のロン

第6章 製造業のサービス化移行モデルと促進要因

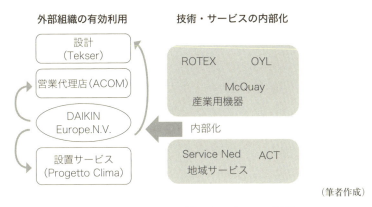

図6-3●ダイキン・ヨーロッパ社によるリソース活用

バルディア・プロジェクトにおいても，RotexやMcQuayの遠心分離式，スクリュー型大型冷却装置等，ダイキンが従来持っていない産業用大型装置が導入されている。

• 顧客サービス分野の内部化

新たな業務用分野では，顧客側から製造業者であるダイキンに，システム導入からアフターサービスまですべての面で機能提供と品質を保証することが求められるようになっている。そこで欧州のサービス会社をダイキンが買収して自ら直接サービス提供を行う案件を増やしてきている。2008年にはベルギーのACT社，2012年にはオランダのService Ned社，などである。

3 ICTと製造業のサービス化促進要因

3.1 ICTが促進する製造業のサービス化

■ サービス化におけるICTの役割とサービス開発に関する論点

本節では製造業のサービス化の促進要因について，ICTとの関連から検討する。その際に論点となるのは，以下の3点である。

149

（1）　サービス化の程度

　事例で示す企業およびサービスは，ビジネスのサービス化をどの程度進めているのか。ビジネスを取り巻く環境とその実現方法について。

（2）　ICT利用の程度

　その企業およびサービスは，ICTをどの程度システム内で取り入れているのか。特に企業の持つ主力製品とICTの関係に着目して，どのようなICTの特徴がサービス化に寄与しているのか。

（3）　顧客との関係性

　サービス化に伴い，顧客との関係性にどのような変化が生じたか，また顧客との関係性とサービス提供の関係はどのようなものか。

■ 事例研究として取り上げる妥当性

　本節では医療用検査機器の開発製造を行うシスメックス株式会社のサポートサービスと農業機械メーカである株式会社クボタが行っている新しい農業支援サービスを取り上げる。これらの企業を取り上げる理由は，以下の3点となる。

（1）　製品のみならず，業界に先駆けてICTを用いたサービスを積極的に進めてきたこと。

（2）　サービスにICTを積極的に利用し，自社と顧客への導入後のネットワーク化を積極的に推進してきたこと。

（3）　シスメックスにおいては故障予測，予防保守を，クボタにおいては農家の課題である圃場管理をビジネスシステムに取り入れてきたこと。

3.2 事例：シスメックス株式会社

■ 企業概略

　シスメックス株式会社は，神戸市中央区に本社を置く，臨床検査機器，検査用試薬，関連ソフトウェアの開発，製造，販売，輸出入を行う企業である。1968年に東亞医用電子株式会社として設立され，1998年に社名変更した。検体検査分野を主な事業領域とし，とりわけヘマトロジー（血球計数検査），血液

凝固検査，尿検査分野における検査機器は世界市場シェアで首位を占めている。病院等の医療施設，検査センターと大学等の研究機関を顧客としている。国内の支社，営業拠点に加え，1970年代より海外に現地法人を設立，現在190カ国以上で事業展開，連結ベースで，売上高2,498億円，営業利益517億円（2017年3月期）となっている[5]。

■ ビジネスシステムの特徴

　医療機器業界は，医療サービス，医薬品とともに医療産業を構成し，医療サービスへの需要とともに，今後も成長が見込まれる業界である。医療機器のうち，検査機器はその測定や分析結果をもとに医療サービスや研究が行われるという点で，精度の高い測定・分析能力が求められる。

　医療機器や資材の製造企業は，医療機関を対象とするビジネスとして，医療施設が組織として調達・購買を行うが，製品に関する意思決定もしくは決定への関与は機器を扱う技師や医療担当者であるという複雑さを持つ。機器のユーザーは，医療サービスを最終目的として製品の精度に優先度を置くが，一方，機関としては，組織運営上のコスト管理が重要となる。検査機器を設置する施設内には，多種にわたる機器やシステムが設置され，調達や機器整備に加えた施設運営上の業務も多々発生する中で，機器メーカー，機器の卸売業者，さらに近年では異業種である商社といったプレーヤーにより，機器単体，機器を組み合わせたシステム販売，さらに調達業務の代行サービスの組み合わせ等のビジネス展開が行われている状況である[6]。

　また，検査機器の特性として，まず精密さ，正確さが求められるが，故障時には他業務に支障をきたすため，停止時間をいかに短くするか，さらに故障をいかに防ぐかがサポートにおけるミッションとなる。

■ 着目したビジネス内容について
・ネットワーク利用の製品サポートの導入

　シスメックスは，機器の精度管理のために，1999年発売のヘマトロジー分野

のハイエンド製品である多項目自動血球分析装置XE-2100より，ネットワーク対応し，ソフトウェアによるグレードアップが可能な製品を発売し始めた[7]。さらに2011年に市場導入したヘマトロジー分野のフラッグシップ製品の多項目自動血球分析装置XNシリーズでは，遠隔モニタリングを導入している[8]。

•故障予測，予防保守型の仕組みの確立

シスメックスのサポートサービスを特徴づけるのは，SNCS（Sysmex Network Communication Systems）と呼ばれる製品保守のネットワークサービスである。SNCSは，ITネットワークによる遠隔サポートシステムとして，顧客の施設に導入した検査装置とシスメックス社のカスタマーサポートセンターとをネットワークで結び，故障予測・予防保守の仕組みを構築している。具体的には，カスタマーサポートセンターでは，顧客施設内の機器から，対照試料の測定値を受信し，同じ検査装置の結果や比較を行い，データ異常の予兆を察知，判定した結果を顧客担当者宛てに返信するサービスを提供している。

SNCSは遠隔での双方向コミュニケーションとして，機器操作画面を顧客と共有し，ウェブカメラにより装置の状態確認を行っている。また，機器の動作回数とメンテナンス時期，さらに装置各部のセンサーによる情報をもとにトラブル発生を予防している[9]。

•顧客情報との統合を目指した統合的サポートシステムの構築

SNCSによる装置情報による遠隔サービスのみならず，コールセンター，顧客へのアンケート調査が可能なサポートサイト，研修時のアンケート情報を通じて，ICTを基盤としたVOC（Voice of Customer）収集の仕組みを作り，分析結果を社内で共有している。

■ 今後の挑戦

医療機器業界のビジネス環境下では，機器自体の販売，複数機器を含めたシステム販売，さらに業務代行を組み合わせたソリューション・パッケージ的なビジネスが展開される中で，顧客（機関）をターゲットとし，分析精度向上等の顧客価値を向上しつつ，いかにビジネスとして，SNCSを核とした製品サ

第6章 製造業のサービス化移行モデルと促進要因

ポートの仕組み，施設コンサルティングとのビジネスに組み入れ，ソリューションパッケージのオプションを展開していくかにより，統合サービスの一層の展開が期待されるであろう。

3.3 事例：クボタのKSASサービス[10]

■ サービスの概略

　株式会社クボタ（以下クボタ）は，主に，畑作および米作の領域でさまざまな農業機械の製造と販売を行っている，売上1.6兆円（2016年12月期）を誇る日本のトップメーカーである。クボタは2014年6月より，KSAS（KUBOTA Smart Agri System）と呼ばれる新しいクラウド型サービスを提供している。これはコンバインなどの農業機械にセンサーと通信装置を具備しネットワークに接続，センサーから得られた収穫情報などを圃場ごとに記録する。農作業の従事者とともに農場の管理を行う経営者にも即時に情報を伝達，農作業の効率化に寄与するとともに，次回以降の農作業の改善を図り，新たな農作業計画を策定するサービスである。

■ ビジネスシステムの特徴

　日本の農業の抱える課題は，就農者の高齢化と労働力不足である[11]。高齢化の進展は新規に就農する若年層が少ないことを意味し，その結果将来的には大幅な農業従事者人口の減少につながると予想されている。このことは，現在耕作地として存在している農地が大量に手放される可能性をはらんでおり，少数の農業従事者がいまよりもはるかに広い耕作面積を管理することを意味する。

　また安全で高品質の農産物を提供することは，今後の日本の農業発展のためには外すことのできない前提条件である。つまり日本の農業にとって，品質を維持しつつ，人手をかけずに（省力化），単位面積当たりの収穫高を上げる（効率化）という難しい両立が求められる。

　こうした農業の動向は，それを市場としている農業機器メーカーのビジネスに大きく影響を与える。実際，農業機械の出荷台数は減少している[12]。大型機

153

械は一定数を保っているものの，中小型の落ち込みが激しいのは，農場従事者の減少を反映している。日本の農作機械の普及は飽和状態にまで進んでおり[13]，製造企業としては新たなビジネス領域の開拓が大きな課題となっている。

　一方，機械化により農作業自体の労力は下がったものの，農業を維持するための各種管理作業に農家は追われている。また農作業は，気候や土壌，そして水の品質など，多岐にわたる外部条件に左右される。つまりマニュアル化を行っても，設定する条件が非常に多岐にわたり複雑となり，さらには個々の土地に関わる外部環境が異なるために標準化することが難しい。また中小規模農家が多いため，そのようなマニュアルを作ること自体が作業負担となる。そのため，個人の経験や技能に頼った「勘と経験」を土台とした農作業となる。

　実はこれが農業の効率化を阻んでいるとも言える。1つは，農業従事者の傾向として，どうしても肥料を多少入れすぎる傾向がある。しかし過度な施肥は作物の品質を落とすことになる。またどんなに優れた熟練農家であっても「勘と経験」が当たることは7割程度と言われている[14]。さらに今後の農家は新しい耕作地を次々に管理していくことになる。つまり「勘と経験」を超えた農業管理の科学的な手法が求められているのである。

■着目したビジネス内容

・2つのセンサー

　KSAS対応のコンバインには食味センサーと収量センサーと呼ばれる2種類のセンサーが設置されている。収量センサーは，グレンタンクに貯まったモミ重量を測定する。食味センサーは米に含まれるタンパク質と水分含有量を測定する。この測定を可能にするのは，クボタが持っていた，非破壊で米の食味値を図ることができるセンサー技術である。食味センサーは，おいしいお米を作るという目的もあるが，それよりも適切な肥料量をコントロールすることのほうが大きい。そこで食味センサーを用いることで肥料の主な養分である窒素の吸収量とコメの品質，そして収穫との関係を明らかにすることができる。

154

第6章　製造業のサービス化移行モデルと促進要因

- **農作業補助管理サービス（基本コース）**

　KSASは2つのサービスを用意している。基本コースでは，農家はスマートフォンとパソコンを準備するだけで，対応の農業機械は必要ない。このサービスは農場の管理作業や計画を建てるためのオフラインでのサービスであり，農作業を補助するという意味で補助管理サービスと呼んでいる。このサービスの特徴は，耕作に必要なさまざまな情報を地図に付加させていることである。農地台帳にある情報，住所や面積，所有者，圃場の使われ方（稲作，果樹等）に加え，経営者，管理者そして作業者が必要な情報，土壌の性質や使用する農薬，肥料の情報を地図上にマッピングすることができる。これにより効率的な作付け計画や施肥計画などが管理できる。このサービスにおいてはグーグルマップとスマートフォンのアプリケーションによりデジタル化されたデータが表示される。

- **プロフェッショナルサービス（本格コース）**

　このサービスでは，センサーと通信装置を具備したKSAS対応のコンバイン等農業機械と連動してサービスを提供する。農作業従事者は他の従事者とスマートフォンでやりとりを行いながら農作業を進行し，自らの行動がクラウド上に記録されていく。収集され記録されたデータは管理者と共有され，分析した後，今後の計画策定に用いられる。また農作業中に作業の進捗状況を確認し，適宜，作業指示受けて計画に沿った作業の進行を図ることをできるのが特徴である。

- **「見える化」により「勘と経験」を脱却**

　基本コースのサービスでは，スマートフォンのアプリとクラウド型サービスを通して農作業の効率性を上げることを目的にしている。一方，プロフェッショナルサービスでは，農作業の効率性とともに生産性を上げ，さらには米の品質管理とその向上を狙っている。耕作機械にセンサーを付けることで，まずは米の湿度やタンパク質含有量などの味に関わるデータがほぼ「リアルタイム」に取得できる。その情報から，農業従事者は圃場ごとの特性やばらつきを把握することができる。また，収穫後の米の乾燥調製作業に収穫情報を活用す

155

ることで，乾燥作業の効率化や，品質ごとの仕分け乾燥を行う等，新たな作業提案に着手している。

■ 今後の挑戦

農作業の難しさは，土地とそれに関わるさまざまな外部条件を適時・適切に判断する必要があることである。熟練作業者は，高品質な作物にその時々の判断で適切な肥料，水やりなどを行っているがこの判断を形式知化することが難しい。センサー技術やAIを用いて，本人も気が付いていない「暗黙知」を明らかにすることで，経験の浅い農家の技術を向上させ，さらに支援システムとして，より適切な現場の判断を手助けできる仕組みが求められる。

クボタは日本の農業機械トップメーカーとして，日本全国にあるコンバインやトラクターのオペレーションデータを収集することが可能な企業である。日本中に張り巡らされた農家との関係性から，農業の現場レベルでの判断のようなより高度なデータを取得することも可能である。KSASサービスでは，農作業の見える化を第一の目的としているが，次の段階ではこのような農作業自体を支援するシステムの提案が目標となる。

3.4 ICTと製造業のサービス化促進要因

■ 製造業サービス化の程度

シスメックス社のSNCSを中心とした製品サポートの仕組み，さらに顧客サポートとのサービスの統合は，製造業のサービス戦略としては，業界でいち早く遠隔の製品サポートの仕組みをICTにより構築し，製品とサービス，ネットワーク化により製品の付加価値を向上したビジネスシステムを構築したことが特筆される。しかしこの段階は未だ製品機能をもとにしたサービス展開であるために，サービスが顧客にとって顧客へのソリューションというより，充実した「製品サポート」と認識されている可能性がある。

一方，クボタのKSASについては，サービス単体だけでも利用できるように，製品とサービスを分離していることが特筆される。またこのサービスにおいて

は製品であるコンバインをセンサー機能として位置づけている点で，サービス化の段階が一歩進んでいることがわかる。つまり顧客にとっては米の耕作に適した機能を提供してくれることが重要であり，その点でパフォーマンスベース・サービスの提供に近づいていると言える。

■ ICT利用の程度

両ケースから言えることは，ICTを高度に利用することで，高度化したサービスの提供を行っていることである。シスメックスでは，さまざまな機器とカスタマーサポートセンター間の接続，KSASでは農業に関するさまざまなデータを統合しているが，これらはICTの基本的な機能である異機種間監視・制御，および（1）データ統合技術，（2）データの処理能力，を活用することで実現している。さらに，統合したデータをスマートフォンやPC上で，ICTのリテラシーが低い作業者でも問題なく理解できるようにすること（KSASのケース），また機器のオペレーション（シスメックス）や農作業の状況（KSAS）をリアルタイムに監視するなど，高度化利用も部分的ではあるが行われていることが特筆すべき点である。

■ 顧客との関係性

クボタのKSASサービスからは，顧客との関係性がサービス提供に大きな役割を果たしていることが発見された。まずはサービスの提供方法である。当初の計画では，センサーやICTを実装した農業機械と補助サービスをバンドルして提供しようとしていた。しかしながら，これでは導入するコストが高くなり，なかなかそこまで踏み切れる農家は少ない。さらには，センサーを導入してまで農地管理を行うまでの必要性がない農家も多い。つまり個々の農家が持っている課題とその解決提案（ソリューション）をカスタマイズする程度が低いことになり，これでは単に高い農業機械を購入してもらうためのサービス提供になりかねない。そこで，農業機械とは切り離した補助サービスのみの提供も行うこととした。これによりサービス提供のカスタマイズの程度は格段に上がる

157

ことになる。

　さらに今回のサービスでは，ユーザー個々が自らの環境や要望に応じてカスタマイゼーションを行っている。つまり企業が顧客要望に応じてカスタマイゼーションを行うのではなく，顧客要望には企業側が手助けしながらも，あくまでも顧客自身がカスタマイゼーションを行うのである。

4 製造業のサービス化移行モデル

4.1 サービス化の程度と市場設定

　製造業であるダイキン・ヨーロッパ社，シスメックス，そしてクボタのKSASサービスについて，それぞれのビジネスにおけるサービス化の程度と市

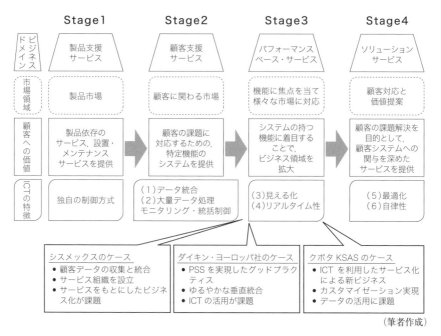

図6-4●3社の事例についてのまとめ

第6章　製造業のサービス化移行モデルと促進要因

場をどのように設定しているか，比較してみる（**図6－4**）。

　これら3事例に共通して発見されたことは，サービス化の程度が高まるにつれ，それぞれのビジネスにおけるドメインと対象市場が変化していることである。初期のサービス提供である製品を中心としたビジネスドメインの場合，その市場は製品が取引される市場に限定される。しかしサービスの対象を製品から顧客対応に変えることで，顧客が関わっている市場を自らのものとして認識することになる。さらに製品・サービスが持つ機能面をもとに新たなサービス戦略を実現することにより，サービスが多様な用途に利用できるようになり，単一ではなくさまざまな市場にアクセスできるようになる。

　さらに顧客の課題に対するソリューションを提供するサービスへと移行した場合，従来の製品志向のマーケティング活動，すなわちターゲット市場を設定し対応するのではなく，個々の顧客に対して価値提案を行う営業活動が主流となる。そのためには顧客のビジネスシステムに深く関与することから，新たな顧客関係管理手法とともに技術と営業活動が一体化したサービス組織が求められることになる。

4.2 ICTの利用比較

　ICTの利用程度とサービス化について，今回取り上げた間接資材のEC企業であるMonotaROと製造業3社を比較調査した結果をまとめる（次頁**表6－1**）。ダイキン・ヨーロッパ社においては，独自技術であるヒートポンプとVRV技術を中核にさまざまな技術を統合し，こうしたさまざまな機器の監視と制御を統合的に行っていることが特徴である。しかし，ICTの利用に関しては未だ十分にその能力を使いこなしておらず，「パフォーマンスベース・サービス」や「ソリューション提供」のようにサービス化の程度を上げるためには，まずは接続している機器からのデータを集め分析する「データの統合と大量データ処理」段階を経ることになる。

　一方，クボタのKSASおよびシスメックスでは，積極的にICTを利用することで，サービス化の程度をより高めていることがわかる。しかし未だそのサー

159

表6-1 ■各事例のICT利用について

	ダイキン・ヨーロッパ社	クボタ KSASサービス	シスメックス	参考) MonotaRO
異機種間監視・制御 (Monitor & Control)	異機種間の機器監視と制御	トラクター，センサー，Webによるネットワークサービス	顧客施設内の機器をネットワーク上で監視	NA
データ統合技術 (Integration)	異機種間の接続	圃場の位置情報，米の食味（水分），収穫量等	複数機器からのデータを集約し，集計・比較	システム内のあらゆるデータを利用
データの処理能力 (Processing)	大量データ処理の必要性は低い	クラウド型サービスのため，利用状況によっては基幹システムに高負荷	複数機器からのデータを本部で一括処理	システム内の多種・多様なデータを蓄積・分析
可視性 (Visualization)	NA	ユーザに見やすい位置情報や施肥情報を提供	データ集計結果の見える化。操作はWebカメラ等で操作性向上	レコメンデーション機能や在庫の見える化
即時性 (Real-time)	NA	ほぼリアルタイムで農作業状況が分かる。	機器のオペレーション状況をリアルタイムで監視	即時に在庫状況を顧客に提示
最適化 (Optimization)	NA	NA	NA	プロモーションや在庫管理，レコメンデーションまで様々な分野で利用
自律性 (Autonomy)	NA	NA	NA	プロモーションロジック機能を一部自動化

（筆者作成）

ビス化への取り組みは緒についたばかりであり，高度なICTを利用することで，ソリューションサービスの提供へとサービス化の促進が期待される。

4.3 ICTの特徴と製造業のサービス化促進

MonotaROの事例と比較してわかることは，製造業にとって最初に取りかかるべきことは，さまざまな製品やサービスを相互接続することであり，監視・制御できるICTの基礎的な機能が必要になってくる（図6−5−a）。そしてこの基礎的な段階をもとにして次の段階のサービスを発展させていくのが，製造業のサービス化の進展プロセスとなる。

機器間の相互接続が可能になると，次のステージではICTのさまざまな特徴を用いてサービスを充実させることができる（図6−5−b）。この段階では，それぞれの企業が持つ中核技術や顧客との関係性，サービスビジネスのドメインによって適用される技術（図6−5の(1)〜(4)に対応）は，サービス内容によって使われ方に差がある。

サービス化の程度がパフォーマンスベースサービスを実現するレベルまでは

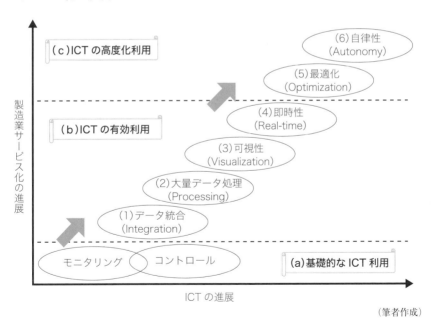

（筆者作成）

図6−5●製造業のサービス化進展とICT利用の高度化

ICTの活用はそれほど高くなくても実現できる。しかし最適化(5)や自律システム(6)のようなICTの高度化利用（**図6−5−c**）はサービス化を一段上げた段階，すなわち顧客個々へのソリューション提供サービスを行うためには，これらの高度化されたICTを使うことが必須となってくる。しかしそれを可能とするためには，前段階の技術を十分に有効利用し，サービス組織の基盤を確立させる必要がある。

注

1 事例研究には帰納法的に理論を探索するものや，演繹的に仮定される重要な概念どうしの関連性を確認するものなど，さまざまな目的と手法があるが，ここではinstrumental case studyに分類される手法を用いる。これは事例を用いて理解を促進させることを目的とし，事例から発見するというより，事例を論点明示のためのツールとして扱う。

2 本章は以下の2種のオンライン情報，そして公開されているIR情報とともに，2016年3月28日（月）に2時間にわたって行った代表取締役社長　鈴木雅哉氏，および執行役物流部門長　吉野広樹氏への取材および尼崎物流センターの視察内容を参考にしているが，ありうべき誤謬はすべて筆者の責である。

［1］鈴木 工（2014）「『ネット通販』勝ち組の研究モノタロウ」，プレジデントオンライン，http://president.jp/articles/-/12991（アクセス日時：2017/05/13）。

［2］ビジネスプラスIT（2013）「MonotaRO 鈴木雅哉 社長インタビュー：300万点超のB2Bネット通販事業でROE35％の秘密」，SBクリエイティブ，http://www.sbbit.jp/article/cont1/26412（アクセス日時：2017/05/13）

3 ケースの概略については，前掲，南・西岡（2014）の第十章を参照されたい。

4 ※本項は2012年6月から11月にかけて，日本そして欧州で実践した先に示す調査協力者へのインタビュー，現地調査および一般に公開されている情報に基づき，解釈・構成している。ありうべき誤謬はすべて筆者の責である。

◎インタビューリスト（肩書は取材当時）

【以下の表記　氏名　企業名　役職：取材日】

Frans Hoorelbeke, ダイキン・ヨーロッパ会長：2012年10月25日

Masatsugu Minaka, ダイキン・ヨーロッパ社長：2012年10月26日

Wim De Schacht, ダイキン・ヨーロッパ副社長：2012年10月25日

Shigeki Morita, ダイキン・ヨーロッパ副社長：2012年10月26日

Shinichi Nakaishi, ダイキン・ヨーロッパ部長（研究開発）：2012年10月25日

Bart Aspeslagh, ダイキン・ヨーロッパ　マネージャー（研究開発）：2012年10月26日

Martin Dieryckx, ダイキン・ヨーロッパ　アシスタントディレクター（環境経

営）：2012年11月10日

Shinji Izumi, ダイキン　エアコンディショニング　イタリア社　社長：2012年10月29，30日

Marco Dall'ombrza, ダイキン　エアコンディショニング　イタリア社　マネージャー（マーケティング）：2012年10月29日

Luca Della Giovanna, ダイキン　エアコンディショニング　イタリア社　マネージャー（アプライド・システム戦略ユニット）：2012年10月30日

Guido Davoglino, Tekser社　ディレクター（設計事務所）：2012年10月29日

Raffaele Strada, ACOM社　パートナー（セールスエージェント）：2012年10月30日

Ezio Bussolin,Progetto Clima社　ディレクター（設置業者）：2012年10月30日

5　シスメックス株式会社公式ホームページ，企業情報・IR情報による。

6　近年では，三菱商事グループのエム・シー・ヘルスケアが，医療材料調達と機器整備のコンサルタントビジネスに参入している。

7　シスメックス株式会社アニュアルレポート2006年版。

8　シスメックス株式会社アニュアルレポート2011年版。

9　SNCSに関する説明は，シスメックス社2016年CSRレポートによる。

10　本項は2016年4月11日に約2時間行った株式会社クボタＫＳＡＳ業務グループ長，長網宏尚氏，およびクボタシステム開発株式会社IoT技術グループ長水原祥光氏への取材内容を参考に，IR情報など一般に公開されている情報に基づき，解釈・構成している。ありうべき誤謬はすべて筆者の責である。

11　映像情報（編集）『スマート農業バイブル～「見える化」で切り拓く経営＆育成改革』産業開発機構　2016年10月発行，p.10を参照。

12　平成25年11月28日生産局農産部技術普及課生産資材対策室「農業機械をめぐる現状と対策」，
http://www.maff.go.jp/j/council/sizai/kikai/16/pdf/data2_2.pdf（アクセス日時：2017/05/12）。

13　前掲注12。

14　窪田新之助（2017）『日本発「ロボットAI農業」の凄い未来』講談社，p.47を参照。

第7章

新たなビジネス構造と製造業の挑戦

1 ICTによる新たなビジネス構造

　本書では，製造業のサービス化という経営現象について，ICTの発展と製造業に与える影響という観点から注目し，ビジネスにおけるサービス化を実現するための要因について述べてきた。本章では，新たなICTの特徴により影響を受けるビジネス構造について述べ，それをもとに製造業が選択し得るビジネスシステムの類型を提案する。

　本書を通じて主張してきたことは，ICTの革新的な技術発展と，それが製造業の生産技術とプロセスに与える影響，そしてそこから生まれるビジネス機会である。ICTにおける革新は，今まさにさまざまな領域のビジネス構造を大きく変えようとしている。具体的にIoTの時代では，「Things」であるネットワークに接続される「モノ」の役割が大きくなることが予想される。必然的に「Things」を開発生産している製造業の役割と対応が課題となる。

　従来，製造業はユーザとしてICTを用いて生産・供給体制において効率化と合理化を目指してきた。しかし現在，ICT企業が，製造業が持つセンサー技術や制御技術等，生産に関わる技術を使って新しい市場や事業を創出することが試みられている。具体的には「Things」であるハードウェアからデータを拾

165

い上げ，そのデータを加工し分析することで，ソリューションとして顧客に提供することである。この動きは，生産に関わる技術をいわばコモディティ化させ，顧客価値を提供する仕組みに関しては，ICT企業が主導権をとることになりかねない。

　このようなICTビジネスの潮流において，製造業はその主導権を確保するためにも，ICTに対してユーザとして利用するだけでなく，ビジネスの一員としてより戦略的に対応することが求められている。本節では，ICTがもたらすビジネスへのインパクトについて，ビジネスシステムに焦点を当て，今後の製造業が採るべき戦略について議論を進めることにする。**図7-1**は本節で議論をするビジネス構造である。次節以下，レイヤーの下部の「Things」から順に階層順に役割変化を述べていくことにする。

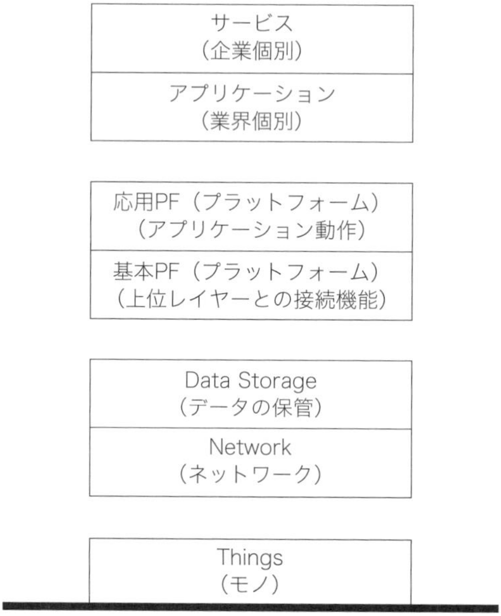

| サービス
（企業個別） |
| アプリケーション
（業界個別） |

| 応用PF（プラットフォーム）
（アプリケーション動作） |
| 基本PF（プラットフォーム）
（上位レイヤーとの接続機能） |

| Data Storage
（データの保管） |
| Network
（ネットワーク） |

| Things
（モノ） |

（筆者作成）

図7-1 ●ICTの革新に伴う新しいビジネス構造

1.1「Things」の重要性

　ICTビジネスは，ビジネスを構成するプレーヤー企業の業界別に，通常，パソコンやスマートフォンといった端末のレイヤー，通信のレイヤー，アプリケーションのレイヤーというように，層化（レイヤー）した構造を持つものとして捉えられる。

　ICTによる新時代のビジネス構造の大きな特徴は，そのビジネス構造が細分化されることと，「Things」の役割が大きくなることである。安価で小型高性能のネットワーク機能が組み込まれた「Things」は，ICTと接続されることで，多種多様なモノやサービスとの連携を通して，社会にさまざまな利益を与える大きな役割を担う。

　従来のICTビジネスにおいて，このモノやサービスを連携するレイヤー部分は，電話機，パソコン等のコンピュータ，そして携帯電話，スマートフォン等の通信機器で構成されていた。つまり「Things」は，通信機能の物理的特性を司る機能を担ってきたわけである。一方これからのIoTでは，さまざまな特性を持った装置やモノ，さらには人までもが接続される。こうして接続された「Things」には機械や人の動作，それらの内部での動きに関する情報が受発信されるようになる。こうした機能の制御はICTだけでは実現できず，「Things」を開発生産したサプライヤーとそれを利用するユーザが個々に持つ技術が大きな役割を果たす。つまりIoTではこの「Things」の機能と品質がサービスを決定づけることになる。

1.2 ネットワーク機能：高度化と役割の変化

■ ネットワークの役割の重要性

　インターネットが普及して20年経過し，電話網を代表とするネットワーク事業者によるネットワーク・コントロールから，端末とサーバー間による制御へと変化した。この変化においては，ネットワークの役割は低コストで高速大容量化を目指したネットワーク機能の簡素化であったと言える。しかし新世代の

ICTにおいては，端末間の制御では十分なサービスが提供できないことが見込まれる。ネットワーク事業者が影響力を持ち，通信キャリアが通信サービスメニューを提示し，サービス事業者がそれに応じてサービス提供を行うビジネスの形態には戻らないであろう。今後は顧客のシステムや提供するサービスに合わせてネットワークサービスやそれに関連した技術を顧客に提供していくことになる。

■ネットワーク事業者の役割変化

　従来，ネットワーク事業者の研究・技術開発は，自らの持つネットワークの機能を拡張し，他事業者に対する競争優位を得るために行われてきた。つまり，顧客にそのネットワークを選んでもらうための研究開発活動となる。この考え方は，製造業の製品開発が自社製品とシステム改良のために膨大な投資を行ってきたことと同じである。つまりネットワーク事業者も，新世代ICT環境下では，自らの研究開発も製造業のサービス化と同じように，ビジネスのサービス化をもとにした研究開発の方向性を考えること，すなわち顧客に対するソリューションの提供を意識する必要がある。

　新しい世代のICTは，さまざまな機器との相互接続，柔軟なネットワークの拡張性，サービスとネットワークの連携機能，個々のサービスに必要なネットワークのサービスレベルなど，従来よりもネットワーク機能に求められることが多くなると考えられている。通信キャリアは，以前より通信とサービスを実行するアプリケーションとの間に共通基盤となるプラットフォーム層を置き，そこで機器間のサービスにおける差異を吸収させる考え方があった。

　従前までの考え方ではこのプラットフォームサービスを顧客囲い込みの方法としてネットワーク事業者は考えてきたが，それでは普及は難しく，顧客からの支持も得られにくい。つまり，こうしたプラットフォーム機能は，特定のネットワーク事業者のみが利用できるのではなく，さまざまなサービスを展開する事業者のネットワークが利用可能となることで初めて活性化され，価値が生まれる。

第7章　新たなビジネス構造と製造業の挑戦

　こうした動きの中で，NTTでは新しいネットワークアーキテクチャを推進している。このMSF（マルチサービスファブリック）[1]は，ネットワークを構成する装置を高機能な専用品ではなく，市販されている汎用製品を用いることを前提として設計されており，こうした装置のコモディティ化が促進することでコストの削減が期待できるとともに，部品化された機能と容量を動的にコントロールすることにより，サービス事業者の要請にリアルタイムで対応できることを目指している。

1.3 プラットフォーム機能の拡張（相互接続性）

　クラウドコンピューティングは，ネットワーク上でのデータストレージとサービス機能提供を担うが，この中でデータを蓄積する機能は，今後，ネットワーク機能と包括され，ICTサービスには必要不可欠な基本サービスとして提供されるようになる。つまり従来クラウドサービスにあったデータ蓄積とサービス制御する機能は分離されて提供されるようになる。

　IoTでさまざまな種類のモノがネットワークに接続され，サービスを提供するためには，アプリケーションレベルで接続するための機能が新たに必要となってくる[2]。これはコンピュータにおけるOS（オペレーションズシステム）のように，多種多様な接続端末とサービスを共通的に扱えるような機能であり，「基本的な」プラットフォームサービスであると言える。ここでは，業種やサービス内容に依存しないような機能提供が求められるため，Windowsがパソコンの基本的なOSになったように，この機能も技術力とマーケティング能力を持った世界レベルでの企業が，寡占的にその機能を担うことが考えられる。換言すれば，この機能を世界標準にすることができる企業が台頭してくれば，その企業は多くの利益を得ることが可能となる。先に述べたSAPやGE，Googleなどの企業がこの機能を担うようにさまざまなAPI（後述）を提供している。

169

1.4 プラットフォーム機能（サービス制御）

■ 3つのサービス提供方法

　ここでAI，さらには量子コンピュータのような高度分析システムの位置づけを考えてみる。今後，AIはさまざまなビジネスにおいてネットワーク機能と同じように必要不可欠なインフラとして存在することになる。AIが提供する機能として，大きく3つのものがある。1つはさまざまなサービスを提供するための基本的な機能である。例えばレコメンデーション機能が充実されるように，ユーザーがAIを意識することはないが自らにふさわしいサービスがAIを通じて提供されるようになる。

　2つ目は例えば会計ソフトのように，ある業界・業種において汎用的に使えるAIがパッケージとして提供されるようになるというものである。このような市販化されたAIにより，中小企業をはじめ多種多様な業種・業態にAIを用いて，業務改善ができるようになる。そして3つ目は，個々の顧客に応じて完全にカスタマイズされたサービス提供である。このような3種類のサービス提供は，それぞれのサービスがサポートする顧客層の広さと深さに応じて，プラットフォーム機能として提供したり，完全な個別サービスとして提供するなど，提供形態が異なることになる。

■ サービスAPI

　現在は，旅行先の手配について，交通機関から宿泊まで1つのWebサイト上でできるようになってきている。一番安い航空券とお得なホテルの組み合わせ，さらにはローカルな交通機関の時刻表までがサービスとして提供されている。こうしたことは，さまざまなデータベースを持ったサービスがWeb連携技術により，連携動作することで提供されている。そしてこの動作するための連携するインタフェースがAPI（Application Program Interface）である。

　AIのAPIには大きく2種類がある。1つは訓練済みのモデルを提供するものであり，画像・音声・テキスト認識および翻訳を行うAPIが提供されつつある。

第7章　新たなビジネス構造と製造業の挑戦

もう1つはセミカスタマイズされたものである。ある程度強化はされているものの、その企業やユーザにとってカスタマイズするための強化学習が必要なものである。

よく知られたAPIであるNLC（Natural Language Classifier）は、自然言語を分析できるAPIでありコールセンターなどでの利用が行われる。ネスレではこのNLCを用いて、製品に関する問い合わせ回答を行っている。こうしたAPIを用いたビジネスはいろいろと考えられるが、まずは顧客相談窓口やコールセンターのようにある程度顧客からの相談が類型化できるところからの活用が現実的であると考えられる。こうした部署においては定型的なFAQについて、機械による音声応答が効果的であり、定型的な応答で処理できない場合、人間のオペレーターが対応すれば良いことになる。

■ カスタマイゼーションの実現方法

こうしたAPIを用いて顧客経験をさまざまに提供しようとする動きが活発である。チャットやSNS、さらにはVR（Virtual Reality：仮想現実）、AR（Augmented Reality：拡張現実）そしてMR（Mixed Reality：複合現実）を用いた新たなサービスの提供は今後活発になっていくであろう。しかしBtoB取引においては、まずカスタマイゼーションの実現に着目すべきである。小売業において数十万品目の商品があった場合、消費者に適切なものを提案するのは非常に難しい。BtoB取引においては製品の種類は比較的限られていたとしても、顧客の環境と状況に応じてソリューションを提案するためには、新たに広範囲な選択肢が出てくる。それは自社のリソースだけでなく、ネットワーク、あるいは現在ネットワークの外側にある企業・大学のリソースが必要となってくるために、これらを探し出して組み合わせるための能力が必要となってくる。これにはAIの力が必要となってくる。つまりソリューション提案に必要な企業間関係の管理もAIの重要な役割となってくる。

171

1.5 アプリケーション・サービスと競争優位

■ アプリケーションとサービス

ICTビジネスレイヤーの一番上にあるのは，サービスである。顧客の生産システムなどの基幹システム対して，顧客企業の環境や条件，そして要望に応じてカスタマイズしたサービスの提供である。プロバイダーが提供したサービスを利用して，カスタマイズ作業や深層学習のトレーニングを行ったり，あるいは大手の製造企業であれば，量子コンピュータやAIを用いて，独自にサービスを開発するところも出てくる。特に製造業におけるモノづくりに直結した中核的な技術をAIのライブラリー化とすること，またそのサプライチェーンシステムとそのオペレーション方法について，自社内でそのノウハウを蓄積するためにこの種類のサービスを利用することとなる。

■ ライブラリーの開示とバリューチェーン全体の競争優位を両立

こうしたライブラリーは，その企業の多種多様な業務オペレーションとそのノウハウが詰め込まれており，他社に対してこうした情報を開示することは競争優位を脅かすことになる。しかし，こうしたノウハウを形式知化してAIのライブラリーとして管理できれば，逆に他社に提供することが可能となる。例えば海軍のイージス艦で使用されるイージスシステムにはさまざまなバージョンと機能が存在するが，最新ですべての機能を具備したシステムの提供は米国海軍に限定され，それより機能を落としたり旧世代のバージョンを，それぞれの国の海軍との関係で選定され提供されている。同じように，ある企業の持つAIシステムを，他の企業に対しては取引の関係性をもとにシステムのバージョンや機能を設定し提供することが可能であり，これにより自社の競争優位は保ちつつ，システムの互換性とサプライチェーンの効率性が大幅に高まることになり，それはその企業だけでなく，バリューチェーン全体の競争力が高くなる。

要約すると，AIの学習済みライブラリーは業界や業種，業務ごとに異なるものが用意され，業界を跨いだ標準的な機能はプラットフォーム機能として提

第7章 新たなビジネス構造と製造業の挑戦

供される。しかし企業ごとに，その企業のシステムごとに重要なノウハウを様式化するためのライブラリは，サービスプロバイダーの協力あるいは自社内のシステム部門を強化し内製することで，その企業内に蓄積されるようになる。

2 製造業のビジネスモデルの選択

2.1 データの帰属とビジネスモデル

■ データの帰属先の前提

　さまざまなIoTビジネスの形態は，収集するデータの帰属先により決まってくると考えられる。ビッグデータ，IoTそしてAIという技術への関心の高さは，大量のデータを収集して分析することで，今までにない知見とサービスが提供できるようになるという期待の反映である。そして特にICT企業は，自らのビジネスを大きく拡張することのできる新たなチャンスであるという認識に基づき，データを収集するためのさまざまな事業展開を行っている。ただこうした期待の前提は，「さまざまな機器やネットワークサービスを提供している企業が持つデータは，それを収集している企業に帰属する」[3]に基づく。さらに重要なことは，この前提はなんらデータを収集される側の社会的な同意を得ていない点である。

　現状でもWebを閲覧する履歴をサービス会社は収集している。しかしこれからIoTが実現すると，さらに高度なプライバシー情報がネットワーク会社に収集されることになる。例えば個人の食事時間や就寝時間，さらには何を食べたかまで，センサーから集めたデータを統合すれば，何の造作もなく導き出される。こうしたデータをサービス事業者が自由に自社のビジネスのために利用するというのは，消費者の理解が単純には得られない。消費者の理解が得られないということは，規制当局側で何らかの利用に関する規制が行われ，データを自由に収集したり分析することに制限が設けられることになる。

173

■ データの管理

　可能な限りデータを自由に使えるようになることがIoTの前提であれば，収集したデータを特定の団体で厳格に管理といったルール化が必要となってくるであろう[4]。自分の利益になるだけでなく，社会的にも役立つ，管理に関しての明確な規則があれば，さまざまに発生してくるデータの利用を，個人や社会が企業側に許可する可能性はある。現在データへのアクセスは，契約時そして製品の初回使用時に製品データの収集について幅広く同意を得る「クリックスルー方式」の規約承認が一般的である。これにより承認をうけた企業は幅広く製品データを収集でき，利用する制約も少ない。ただしこれらはデータの一部分しか取れていない現在の話である。これが個人や企業のプライバシーに踏み込む内容になれば別である。IoTおよび製造業のサービス化を推進するためには，むしろこうした知的財産権を定義し保護するために関連諸権利の管理を目的とした厳密な枠組みと方法，そしてその受け皿となる管理団体が必要になってくると考えられる。

■ データの流通とビジネスモデル

　IoT環境下では，Thingsからデータが生成される。この利用に関しては，内部におけるオペレーション向上のための情報，マーケティングや経営戦略上に活かせる情報の両面で検討すべきである。

　製造業において扱うデータの種類には大きく3通りに分けることができる（図7－2）。生産現場から上がってくるオペレーションデータなど，フィールドから装置や従業員の行動をそのままデータとした「生データ」と，そのデータに意味付けをしたり構造化して加工したデータ，そして外に出せない顧客や企業取引のデータである。フィールドから得られた生データを分析するという意味では，現場レベルで有効に利用されるデータであるし，加工データは都合の悪い情報を処理することで，クラウド上にデータを蓄積し，他業界や企業と連携することで，新たな経営上の知見やマーケティングを実行する実務レベルでの活用が期待できる。一方，外に出せないデータはそのデータを保有する企

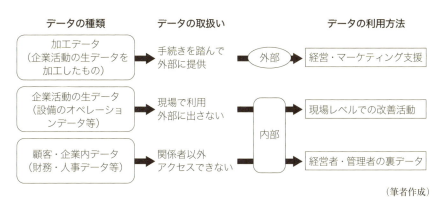

図7-2●データの種類とその取扱い

業の外部には出すことができず，経営者や業務担当者のみがそれらのデータを使って経営上の知見を得ることができる。

こうしたデータは非常に有用な意味のあるデータが含まれているため，企業内部でさまざまなデータと統合することで，その企業の競争優位になることができる。つまりデータの分析には，より広範囲のデータを収集するためのツールと個々の企業において分析可能なツールが必要となることがわかる。

外部に提供できるデータは，プラットフォーム機能としてICT企業が提供することができるが，内部でのみ流通するデータの場合，個別サービスとしてサービス企業がその企業と個別に契約を行い，分析をコンサルタントするサービスとともに提供することになる。また企業によっては，この部分は競争優位になりえるために，他社に頼らず分析力を高めて，内部化することが考えられる。

2.2 製造業におけるビジネスモデルの3類型

■データ共有を観点としたビジネスモデルの分類

そもそも多種多様なデータをできるだけ多く集めることにビジネスを注力することは，セキュリティへの投資やデータ漏洩時の企業イメージへのダメージを考えると，非常にリスクが高いビジネスモデルである[5]。消費者に関する

データは先のように，消費者が持つ懸念を払拭する方法を提示し，さらに消費者や社会にもメリットがあることを提示できれば，ある程度プライバシーに関わるデータも利用できるようになる可能性があるが，BtoB取引関係においては問題はより難しい。多くの製造企業は自社および取引先，顧客に関連するあらゆるデータを秘匿すべき情報として外部に出さないことが想定される。つまりBtoBにおいても多くのICT企業が前提としている，「データは収集した企業のものである」ということには，決してならないことに留意するべきである。消費者の場合とは異なり，そもそもデータそのものが競争優位源泉である場合，デメリットを超えたメリットを提案するのは難しい。

IoTにおいては，特にICT関連企業の動向が注目されがちであるが，「Things」を持っている製造企業との関係性，つまり，「モノ」とネットワークサービス

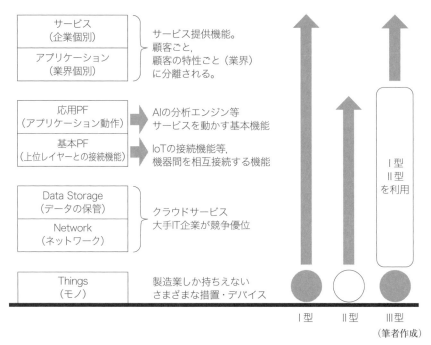

図7－3●新世代ICTによるビジネス構造とビジネスモデル

第7章　新たなビジネス構造と製造業の挑戦

との組み合わせ方が，先に述べたビジネスレイヤーのように，垂直統合のモデルを決定することになり，1つの巨大なグローバル企業が独占的にIoTのサービスを提供することは不可能であろう。

　ビジネス的にはネットワークとプラットフォームの基礎的な部分は統合できるものの，ビジネスの性質に依存する部分，すなわち，制御される装置・機械，そしてその指示を出すアプリケーションとサービスは，業界・企業特有のルールに縛られることになる。このような状況において，垂直統合をどこまで高めるかによって，次に示すようなビジネスモデルの類型が可能である（**図7－3**）。

■ 包括的垂直統合型モデル（Ⅰ型）

　自社内で製造部門とICT部門が両立している企業，例えばGEや日立製作所のような企業は，製造部門のデータをICT部門が利用して，強力なAIライブラリーを開発できる。これは資本関係に基づいた垂直統合によるIoTサービス戦略であるが，資本関係が希薄であっても特定の企業グループがこのような戦略を取ることがある。ドイツのインダストリー4.0では，「Things」であるセンサーや機械そしてネットワークはシーメンスが，プラットフォームサービスはSAP社がコンソーシアムを結んで展開している。このタイプのサービス提供は，「Things」の持つビジネス範囲での展開となることから，特定の業界やビジネス分野ごとに行われることになる。

■ プラットフォーム型モデル（Ⅱ型）

　この型のビジネスモデルは，GoogleやAmazon等グローバルレベルで展開しているIT企業が今まで蓄積したクラウドサービスおよびビッグデータの運用能力をもとに，強力なセキュリティを持つデータセンターを開設するプラットフォームを提供する戦略である。今まで集めてきたデータをもとに顧客企業に対して強力なサービスを低価格で提供できるインフラを作り，このメリットを顧客に提示，取引を行い，さらにデータ集めるという循環を作り出し，他社に

177

真似できない競争優位を持つサービスを提供する。

　この場合，IoTのプラットフォームサービスを独占あるいは寡占的に提供することになり，先のタイプよりはより広範囲なビジネス分野に対して影響力を及ぼすことができる。製造業に限ると，モノづくり以外の分野，販売や在庫管理，財務などの情報系システム，そして営業，資材調達，サプライチェーンマネジメントなどの基幹システムの多くは，このプラットフォームサービスを利用することができる。しかしモノづくりの根幹である現場のオペレーションデータや企業固有のサービスは，企業が個々にサービスを提供する会社と協力して行っていくことになる。

■製造業サービス特化型モデル（Ⅲ型）

　3つ目の形態，これはⅠおよびⅡを補完するタイプでもあるが，産業やビジネス，そして企業ごとに独自のシステムができることである。この場合，先に紹介した神戸大学白瀬研究室の設計支援システムのように，優秀な設計思想を持つシステムをベースに，個々の業界・企業ごとにノウハウを反映した独自のAIライブラリーが開発されていく。これはⅠ，Ⅱのパターンと両立することが可能で，製造業のコア部分のサービスは企業内部で開発・管理する。難しいのはこうしたライブラリーを作るコストである。大手企業であっても，ノウハウを蓄積しAIを用いてライブラリー化するのはコスト負担のため，躊躇するかもしれないが，特に中小企業であればそのコスト面と技術面でなかなか実現が難しいことが考えられる。

　しかし独自「技術」という観点では，大手企業も中小企業も差がない。中小企業においても独自技術だけでは，基本的に単独での生き残りは難しく，技術のAI化により業界の再編が引き起こる，個々の企業がもつ独自技術をAIのライブラリー化し，顧客要望に応じて統合できるようにすることで，新たな顧客価値の創造につながる。つまり中小企業も地域ごと（例えば東大阪）や業界ごと，あるいはビジネス単位での垂直統合など，他社とのアライアンスを組む必要性が高まってくる。

注

1 高橋賢・吉岡弘高・小野敢一郎（2016）「柔軟なネットワークを実現するMSF アーキテクチャの推進」『NTT技術ジャーナル』28(8)，pp.25-27。

2 大野治（2016）『俯瞰図から見える IoTで激変する日本型製造業ビジネスモデル』 日刊工業新聞社。

3 Harvard Business Review Staff（2014）"With Big Data Comes Big Responsibility : An interview with MIT Media Lab's Alex "Sandy" Pentland", *Harvard Business Review*, 92 (11)，pp.100-104.

4 Pentland, A.（2009）"Reality Mining of Mobile Communications: Toward A New Deal on Data", *In: Social Computing and Behavioral Modeling*, p.75-80. Springer, Boston, MA.

5 前掲のHarvard Business ReviewにおけるAlex Pentland氏へのインタビューを 参照。

終 章

製造業のサービス化への挑戦

　本書の目的はBtoB取引における製造業のサービス化について，それを進化させる要件と，市場アプローチについて明らかにすることである。製造業のサービス化は製造業としての「ソリューション」を提供すること（第2章参照）が目的であること，そしてそれを達成するまでには段階があることを述べてきた。最終章ではこれについて，各段階ごとの顧客そしてサプライヤーとの企業間関係について議論することで，論点をまとめることとしたい。

　また本書の目的は，学際的な研究成果をもとに実践的な知見を得ることとしている。そのため具体的にどのようなステップを踏むことで，製造業のサービス化が可能になるのか，これまでの章の内容を振り返りつつ，要約的に提言する。

　さらに製造業のサービス化を阻害する要因について，特にAIを活用する際の課題を抽出する。最後に，技術革新と製造業を取り巻くマクロ要因として，社会と技術の関係について触れ，本書を締めくくる。

1 ソリューション戦略の進展

　ここまで述べてきたように，製造業のサービス化においては，顧客へのソリューションを提供する段階が，最終的な完成段階として捉えることができる（次頁図終－1）。次にステージごとに重要となることを整理する。

181

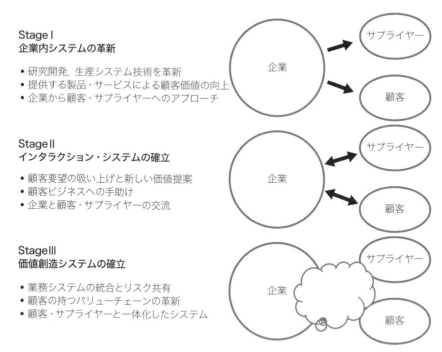

図終-1 ● 製造業のサービス化における「ソリューション」の進展

(Stage I) 企業内システムの革新

　この段階は，製造業としてのオペレーションをさらに進化させることで，それを用いてより高度なサービスを作り上げ，顧客にとっての価値を付加する段階である。この段階では，製造企業が持つビジネス・モデルのうち，主に顧客と対応しないバックエンドの活動，例えば生産活動や研究開発活動などを効率化することが主眼となる。

　バックエンド活動の効率化は，顧客に対してコスト低減や，より使いやすく高性能な製品の提供につながる。次に製品の効率的な利用，そして顧客企業のビジネス環境に適合するよう種々のインダストリアル・サービスを用いて，顧客価値の向上に努力する。

終　章　製造業のサービス化への挑戦

（Stage Ⅱ）インタラクション・システムの確立

　Stage Ⅰで形成された，バックエンド効率化のシステムをベースに，顧客そしてサプライヤーとの相互作用により，顧客をサポートするための仕組みを作り上げることをこの段階で行う。ここでは主に顧客価値を理解するための仕組みづくりが重要視され[1]，これにより顧客をどのようにサポートすれば良いのかそのノウハウと能力の育成が目指される。具体的には，顧客から情報収集を行い，データの共有や分析を行うことになる。そのことは顧客の所有するシステムへの関与が許可されるかが成功のポイントとなることを示す[2]。またこの段階では，先端的な顧客との間でコラボレーションが行われることで，共同で新製品や新サービスの開発が行われることになる[3]。

（Stage Ⅲ）価値創造システムの確立[4]

　この段階では，提供側の製造企業と顧客企業，サプライヤーの各々のオペレーション・システムが統合され，抜本的に現状のバリューチェーンを変えることになる。そして顧客との関係性も劇的に変わることになる。先の2つのステージと異なるのは，企業間の組織の壁を超え，顧客・サプライヤーと連携することである。つまり顧客の顕在・潜在的な課題を解決するためには，完全に顧客企業と一体化して，顧客に応じてカスタマイズしたサービスを提供できるようになる段階である。

　そしてこのステージで重要なのはICTの活用がこれを達成するために必須になることである。例えば，顧客が自らの目的のために，企業の持つ製品の利用状況や運用状況をモニターできるようになるシステムや，システムから得られたデータを分析し，顧客が求めている成果へと導くようサポートする仕組みが必要になってくる。

　顧客のシステムを最適化するためには，さまざまな専門的な技術やノウハウ，そしてサービスが必要となってくる。これらの能力は，これまでのステージでの蓄積がベースとなるが，外部からも積極的に調達される。

　さらにCoreynenら（2017）が指摘するのは，ステージが上がるにつれて，

183

顧客は単なるコスト削減，例えば原材料費やエネルギーの節約以上に，「結果」を求めてくる可能性高いということである。それは企業の業績向上であったり，新たな顧客の獲得であったり，新市場に進出して成功を収める，ということである。つまり顧客のビジネスにおけるリスクも同じように共有しなければならないのである。そのためには，リスクを明確に識別し，それを回避もしくは軽減するための方法を持つ必要がある。

2 製造業のサービス化への道程（実践的示唆）

（1）製造業のビジネス構造変化

先の章で明らかにしたように，製造業はICT業界とそのビジネスの垣根がなくなる。すなわち従来，製造業企業ではユーザの立場でICTを利用することにより，自らの事業システムの効率化を図ってきた。ここでの価値創出活動の基盤は，モノを開発し生産することである。またIT業界においても，製造業に対して，ITシステムを導入する顧客として見ることで，業界内の技術とビジネスモデルを革新してきた。

しかし新しい時代のビジネス構造では，製造業はICT業界と同じビジネスのカテゴリー内に位置し，そしてこの世界での主導権をとらない限り，製造業のコモディティ化を避けられず，ビジネスにおいて価値を生み出さない単なる「箱」になりかねない。つまり，製造業はICT業界において，従来のユーザとしての立場ではなく，ビジネスの主役として積極的に携わらなければならない状態にある。

（2）サービスへの着目

製造業におけるコモディティ化への懸念は，このように業界内で起こることではなく，業界を超えて起こるイノベーションをどのように管理するかということから生起してくる。これは従来のイノベーションの議論とは異なる「サービス・イノベーション」である。このような状況において，製品のコモディ

終　章　製造業のサービス化への挑戦

ティ化を避け，さらにビジネス構造における変化に対応する方法として，「製造業におけるサービス」への着目がある。

（3）製造業のサービス化
　製造業のサービス化とは，モノ中心のビジネスモデルから，サービス志向のビジネス構造へと変化させることで，新たな顧客価値を生み出す活動である。具体的には，新たな市場を生み出すことでビジネス領域を拡大し，そして製品よりもサービス事業からより高い収益を得ることにある。

（4）大量生産からカスタマイゼーションへ
　インダストリー4.0への着目は製造業におけるパラダイム転換ともいえる，ビジネスシステムの変化が起こりつつあるからである。これは製造業の基本的前提である少品種大量生産からの脱皮であり，顧客ごとにカスタマイズされた製品を提供できるように製造業のビジネスシステムを変えることである。これはビジネスのサービス現象に他ならない。

（5）インダストリアル・サービスによるサービス化
　製造業においてサービスは，製品の性能を高め，能力を十分に引き出すためのサービス，インダストリアル・サービスがまず基本としてある。つまり「製造業のサービス化」を目指す企業，そして経営者や管理職が考えることは，インダストリアル・サービス，製品に組み合わされたサービス自体を分離して，ビジネスユニット化，さらにこのサービスを拡張することで顧客価値を高めたいという戦略をとりがちである。

（6）「サービス化」につながらないサービス拡張
　しかしこうしたインダストリアル・サービスの拡張では，製品との結合性があまりにも高いために，サービスの充実が顧客価値につながらないこと，そして業績との関係も不明であることが主張される。つまり製造企業が持つ従来の

185

サービスメニューの充実と拡張では，「製造業のサービス化」にはつながらないのである。

（7）経営者の意識

このように「製造業のサービス化」は従来からの延長線上で戦略を立案するのではなく，その企業組織構造そして文化を変える覚悟が必要である。

（8）サービス化戦略

「製造業のサービス化」戦略には段階が存在する。第1段階は（5）で述べたインダストリアル・サービスとしてのサービス提供段階である。この段階では収益は上がらず，サービス化への投資に伴うリターンが少ないため非常に苦しい段階である。しかしこの段階は，先に述べた企業の組織・文化をサービス志向にし，さらに次の段階に進むに必要な技術そして人材のリソースを内部で育成していくためにも重要である。

（9）機能への着目とパフォーマンス・サービスへの懸念

先の段階でとどまる限りは，サービスから収益を得ることができず，「サービス・パラドックス」（第1章参照）の罠にはまる。そのためには，次の段階の戦略を検討しなければならない。それは，製品ではなく製品とサービスの組み合わせで提供されている「機能」に着目し，この「機能」をサービスとしてビジネス化することである。これはパフォーマンスベース・サービスと定義されるが，ここで重要なことはビジネスシステムを変えることではない。まずサービスの設計，つまり稼働率に応じた課金体系を設計することが非常に難しい。例えば，顧客企業に導入されている装置の稼働状態は，顧客によってさまざまである。この場合，稼働率の低い装置にこのビジネスを導入するとサプライヤー側の企業にとり，収益は大幅に減ることになる。経営者としては，顧客の装置稼働率が低いことに目をつぶっても装置を購入してもらい，メンテナンスに費用を支払ってもらえるほうが自らの得になると考えるのが当然である。

終　章　製造業のサービス化への挑戦

このようにパフォーマンスベース・サービスを採用することは，有効にビジネス開発できれば，全く新しいビジネスモデルができるものの，単純に採用すると経営上大きなリスクを伴うことになる。

(10)「機能」への着目し市場設定を多様化する

「機能」に着目するのは，むしろその企業が設定する市場領域を拡大することが可能になるからである。製品に着目した市場設定では，その製品に限定された市場ターゲットとなり，非常に狭く限定された顧客との取引になる。ところが機能に着目することで，従来のビジネスでは想定しなかった市場が見えてくる。印刷機器メーカーが「印刷」という機能に目をつけることで電子デバイス事業に進出できたり，包装資材メーカーが「包装」機能に着目することで物流コンサルティングや店頭マーチャンダイジング事業に展開することが可能となる。

(11) 製造業における「ソリューション」提供

「製造業のサービス化」の目的はソリューションの提供を目指すことである。ここで製造業におけるソリューション活動とは，単に製品とサービスをバンドルして顧客要望に対応することではない。「製品にサービスを統合した」サービスにより，顧客のオペレーションの向上やコスト削減といった新たな価値の追求をすることである。ここでは全く新しい価値が創造されるというよりむしろ，顧客企業の持っている多種多様な生産システムの効率化と新たな能力向上を主眼としていることが強調される。

(12) 技術への着目

製造業のサービス化は，本質的には「技術とサービスの組み合わせ」になる。その点では，製造業が持つ開発・生産技術への着目と，こうした技術をどのように新たな顧客価値を産み出すために利用することができるかが課題となる。本書ではケーススタディにより，企業の中核技術がその企業のサービス化進展

187

に大きく影響を与えることを示した。中核技術を中心に，外部にある多様なリソースを統合することの必要性を示した。

(13) 垂直統合度を高めないこと

ソリューション・サービスを提供するためには，技術とともにさまざまな組織，ビジネスユニットを内部化しなければならない。しかし先行研究および今回のケーススタディにより，企業買収などによる資本関係のみによる垂直統合度を高めることは危険であることが明らかになった。市場やビジネス領域へ柔軟に対応するためには，得られる利益は少なくなるが仮想的な垂直統合を目指すべきである。

(14) ICTと製造業のサービス化の関係

一方で，中核技術だけでは，サービス化は進展しないことも明らかになった。また仮想的な垂直統合を可能にするためにも，ICTの高度な利用が必要である。ICTをイネーブラーとして利用することで，製造業の持つ技術そしてサービスを用いて新たな顧客価値の創出が可能となる。

(15) 高度なICT利用

本書ではICTの利用として，6つの特徴を示した。特に製造業で特筆すべきは，「機器の監視・制御技術」が，製造業サービス化を実現するための第1段階として必要な技術になる。この技術をもとに，「高度な統合機能」，「大規模処理能力」を用いて，さらに新しいICTの特徴である「可視化」，「リアルタイム性」を活用することで，サービスにより新しい顧客価値が提供できる。

(16) ICTの高度化利用と製造業のサービス化

さらに今後の展望としては，製造業として「ソリューション提供」を目標とすることになるが，これには高度なICTの特徴である「最適化」，「自律性」の機能を用いることが必須となる。すなわちICTの高度利用と「製造業のサービ

終　章　製造業のサービス化への挑戦

ス化」の進展は大きな関連があることが本書の主張である。

(17) 製造業の技術とAI

　高度なICT利用として考えられているのが，企業の競争優位源泉である開発・生産技術のAIによるライブラリー化である。熟練作業者の技術をAIを用いてシステム化する試みであるが，単に作業の模様を撮影し記録することで可能になるような簡単なものではない。第5章では「暗黙知」である熟練作業者が無意識に行っている背景情報の処理を，「形式知化」することの重要性を明らかにした。

(18) 技術の新たな適用領域

　ICTの役割の重要性は，広範囲にわたるモノと接続できることで機能が連携して動作することが可能となることである。そして，自然科学の理論に基づきデータを処理するアルゴリズムを設計し，センサーと制御システムを統合して，その能力を最適化することにある。たとえシステムの中核技術が化学的物質の調合や新物質の発見，化学生命の起源に迫るものであるにしても，システムに付属しているセンサーが継続的にさまざまなデータを収集し，その時々の環境に従いソフトウェアが最適なアウトプットを最大化するようにコントロールすることが求められる。そのためには，企業の中核技術をAI技術と組み合わせることで，新たな技術の適用領域が現われるようになる。

(19) 技術にキャッチアップする仕組み

　さらにシステムには技術の進展にキャッチアップする仕組みがさまざまに重要になるであろう。制御システムは新しいソフトウェアの改修が容易になる仕組みが必要であるが，ハードウェア自体も取り換えを可能としなければならない。例えばバッテリーの進歩についていくためには，バッテリーの本体自体を消耗品として交換し続ける仕組みが必要となってくる[5]。

189

(20) ICT，人そして技術とカスタマイゼーション

　新世代のICTと適用のためには，その利用を促す技術（utilizing technologies）に着目する必要がある。自動化の必要性は理解しつつも，すべて業務をコンピュータと機械が自律的に操作することはできない。サービスの高度化を考えた場合，人の判断や行動を手助けするような技術的な開発が必要となってくる。あるいはユーザに行動を促すような技術と，ユーザが自ら行動し，サービス提供プロセスに関与させることが必要である。クボタのKSAS技術で示されたように，人とICT，そして製造業の技術の組み合わせがカスタマイゼーションに繋がるのである。

　製造業においてAIを始めとした先端技術をどのように取り組んでいくのかは，非常に重要な問題である。次節以降では，まずAIをどのように活用していくか，工作機械制御を題材にすることで課題と提言を行い，最終節において，企業が技術をどのように対面すればよいかを見ていく。

3 製造業のサービス化への課題

3.1 AI導入の阻害要因

■ 工作機械の制御とその問題

　工作機械の制御には，材料に加工を施す「装置」とそれを操作し作業の指示をする「人」，そしてその制御を行うコンピュータのプログラムである「ソフトウェア」で構成されている。この中で装置に対して具体的な作業を指示するのは，「人」と「ソフトウェア」であり，これを「頭脳」とすると装置との間を結ぶ「インターフェース」が必要となる（**図終－2**）。

　「装置」の高度化は技術革新により進んでいても，それを操作する「頭脳」とそれと装置をつなぐ「インターフェース」が，技術の進歩に同期していないのが現状である。例えばNC工作機械の場合，これを制御するためのプログラ

終　章　製造業のサービス化への挑戦

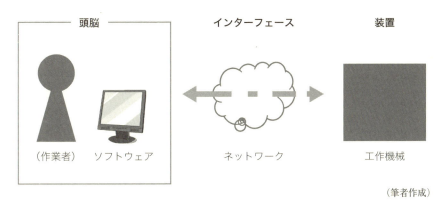

図終-2●工作機械の制御方法概略

ムの書式は基本的に半世紀程変わっていないという事実がある。コンピュータそして通信装置の性能が低い時代には，必要最低限の情報（文字数）で指令することは理にかなっている。ところが，メモリの容量がギガバイト，さらに光通信での情報のやりとりが可能となった現代でも同じプロトコル（命令）で指令する点は変わっていない。

現在，製造業の高度化に関しては，ドイツの「スマート・ファクトリー」，「インダストリー4.0」，米国の「先進製造パートナーシップ（Advanced Manufacturing Initiative）」，中国の「中国製造2025」等があり，ICT業界では同じようにさまざまなコンソーシアムが構築されてきているが，現実的には肝心な「装置」は非常に旧時代の制御方法で動作していることが指摘される。

■ 「頭脳」と「インターフェース」が阻害要因

IoTでは，通信制御機能の性能が低い機器であっても制御できることが特徴であるが，工作機械の場合，機能だけでなく今後生まれてくる多岐にわたるサービスに適宜適応できるような拡張性が必須となる。そして現在この間のインターフェースがボトルネックになっていることをこれまでに議論してきた。

しかしこのインターフェースの問題は，工作機械を制御する「頭脳」の問題

191

と関連している。「頭脳」の革新は人間の脳自体に大きな革新が望めない以上，AIの導入により人間を補完することで進化させることが期待されている。つまり機械を制御する「頭脳」における「ソフトウェア」の革新に注目が集まっているが，同時に組織を含めた「人」の問題が大きな阻害要因になっている。

　問題の1つはAI推進をしているIT系の企業文化と，製造業の仕事の進め方，そして価値観に差があることである。ICTではトライ・アンド・エラーで仕事を進めていくやり方が主流であるが，製造業ではあらかじめ問題点を十分に洗い出し，製品を提供する時にはリスクが枯れた状態にする。そのため事前の設計に十分に時間とコストをかける。ところがAIを使ったやり方は，前工程よりも後工程，すなわち実行した後に問題が生じたら，その状況を機械に再度学習させる方法を取ることになる。また一品生産であれば製品の持つ機能で顧客にとって不十分なところはサービスでフォローする。

3.2 新しいICTを用いた製造業の発展

■ サービス志向組織への移行

　さまざまな書籍が製造業とAIの関係について述べているが，大きな潮流であるのが「AIに乗り遅れるな」，という論調である。本章では製造業が新しいICTをどのように活用すれば良いのかを論じてきた。最初に取り組むべきは，製造業に携わる企業自らのビジネスドメインを製造業からサービス業へと意識の変換を行うこと，それは経営者のみならず社員にまで正確に徹底してその意を通じさせることである。そこでは製造業の「ものづくり」の考え方を，「サービス志向」にすることが重要性を持つ。その上でその組織をサービス志向に変えることが必要である。

■ AIの活用方法

　深層学習の抜本的問題は，その学習結果が予想できないことにある。学習するために必要なアドバイスやそのトレーニング量を増やしても，その結果，どの程度，機械のパフォーマンスが良くなるのかわからない。これでは職人芸の

192

終　章　製造業のサービス化への挑戦

継承をAIが代替するのは非常に難しいと言わざるを得ない。

　それよりもAIおよび深層学習の良さは，熟練した技能を継承するために，1から人間を教育するためのコスト（時間）を低減させることができることに注目すべきである。ある人間を教育するためのサポートを行うことで熟練工の技術に近づけることが可能となり，より実践的な教育が可能になる。すなわちAIとロボットだけで職人技を実現するのは難しく，そこに人間が介在することが現実的になるであろう。多様な職人の技術を職人自身が意識していない暗黙知をAIを用いて言語や図表で形式知化することで，継承元の職人から引き出された形式知により，経験の少ない従業員へ職人技の実践と継承が可能となる。

　AIは異常を検知することが得意である。そのトレーニングにより，さまざまな特徴を導き出し，分類し，それに専門家としての目と経験と言われる能力をAIが学習することで多方面での監視システムに利用することができる。しかしここでも最終的なチェックを人間が行うことになる。つまり製造業において，AIは人間を高度にサポートするものであり，そのような使い方を考えていくべきである。

■ まずはデータの収集

　AIが製造業にとって必要不可欠なビジネスにおける道具となることは確実である。それならば早く道具に慣れて，それに即したオペレーションを考えるべきである。最初に行うべきステップは，データを蓄積して揃えておく仕組みを作ることである。AIは大量のデータから正確な結果を出すのは得意であるが，少ないデータから推論するのは未だ十分に行うことができない。

■ 日々の活動を記録

　AIを実践的に活用することの意味は，こうしたサポートシステムによるさまざまな効能だけでなく，暗黙知であった技能やノウハウが記録できるようになるのが大きい。実践から得られたデータは貴重な教師データの蓄積になる。

すなわち従前よりも，モニタリングするポイントを増やすことで，人間ではわからない異常やその原因を検知できることが可能となる。この結果を教師データにすることで，このアルゴリズムは他にも転用が可能となる。

ここで重要なことは，人間が毎回目視で判断することの繰り返しが教師データとなることである。つまり日々の活動を記録することが競争優位になりえるのである。製造現場におけるオペレーション自体の観察ポイントを増やすこと，作業従事者の判断をも記録できるようにAIを用いて数多くのデータを収集しておくことがまずはAI活用の一歩となる。

4 技術と社会との関わり

本書の締めくくりとして，製造業におけるビジネスのサービス化を推進することを考える上で，技術と社会との関わりについて触れておく必要があるだろう。技術革新が製造業のサービス化に対してどのように影響を与えるのか，またそれが社会にどのような変化を生み出していくのかは単純な，技術決定論で語れない。

急激なテクノロジーの進展に関しては，技術による楽観論や万能論，あるいはそれに対する忌避というような論調が起こりがちであるが，現実的には，ある社会の中で，技術が受け入れられ，発展するには，その社会の成り立ちや価値システムとしての文化というものに影響を受けることは十分考えられる。また社会が数ある技術の中で選び取ってその社会に役立てていくというプロセスも考えられる。

技術というものが，社会によって形成されるという立場がある[6]。技術というものは直線的にイノベーションの中でインパクトを持つというより，企業や制度，社会構造といったものと相互に複雑に絡み合い，形成されていくものだという考え方である。この考え方に目を向ければ，社会的に設計されたもの，法規制の影響や，商慣習や産業集積の成り立ちなど，社会に埋め込まれた構造的なものが，技術革新とビジネスにどう影響を与えていくかについては重要な

終　章　製造業のサービス化への挑戦

ファクターとなろう。

　製造業においては，生産・供給体制における取引関係は，国，地域の産業構造をもとに成り立ち，継続的な取引関係に基づく産業集積の形成には，法や社会体制が絡み合うことになる。そこで，技術革新がどのように影響を与えるかについては，産業，業界に固有な特徴，国による規制や関与にも注目する必要がある。厳密に明文化された契約に基づく取引関係よりも，継続的取引に裏付けられた信頼関係に基づく関係的な取引の重視や，あるいは職人技の伝承など，産業の発展がその社会における価値観に基づき成り立ち，その上で製造業が成り立っているといえる。

　テクノロジーの社会的影響について，「テクノロジーの増幅の法則」という主張がある。外山（2015）[7]は，テクノロジーについて，信仰者，懐疑論者，そして中立者の立場に触れながらも，ビル・ゲイツによる箴言を引用し，ビジネスにおけるテクノロジーは，効率の良い業務を自動化すればより効率化し，効率の悪い業務を自動化すれば，より効率が悪くなるという，増幅の法則を論じている。開発途上国での教育プログラムを実践してきた自らの経験を通じて，テクノロジーが社会的状況を解決する上での役割について，技術自体が社会に介入する効果を考える際に，制度と人間の持つ資質とその発展性にこそ注目すべきとしている。

　本書では，ICTを含めたテクノロジーを，企業の中に存在し，培われてきた資源を活性化するイネーブラーとして捉えている。資源を活性化し，新たなビジネスチャンスを切り開いた企業が，社会に影響を与えていくということも想定される。製造業のサービス化が今後どのように社会的に影響を受けながら，さらに産業界のみならず社会にインパクトを持ち得るのか観察し続ける必要があろう。

195

注

1 Storbacka, K. (2011) "A solution business model: Capabilities and management practices for integrated solutions", *Industrial Marketing Management*, 40 (6), pp.699-711.

2 Kindström,D. and C. Kowalkowski (2014) "Service innovation in product-centric firms: a multidimensional business model perspective", *Journal of Business and Industrial Marketing*, 29 (2), pp.96-111.

3 Coreynen, W., Matthyssens, P. and W.Van Bockhaven (2017) "Boosting servitization through digitization: Pathways and dynamic resource configurations for manufacturers", *Industrial Marketing Management*, 60, pp.42-53.

4 前掲Coreynen *et al.* (2017).

5 前掲ステファン・ヘック, マット・ロジャース著『リソース・レボリューション』プレジデント社, pp.297-299などに詳しい。

6 Williams, R. and D.Edge (1996) "Social Shaping of Technology", *Research Policy*, 25 (6), pp.865-899.

7 Toyama, K. (2015) *GEEK HERESY : Rescuing Social Change from the Cult of Technology*, PublicAffairs（邦訳　外山健太郎 (2016)『テクノロジーは貧困を救わない』松本裕訳, みすず書房）

あとがき

　本書を締めくくるにあたり，執筆の契機となったことを書き記したい。本書の出版を企画した2016年時点には，IoTへの関心が産業界においてかなり高まっており，AIも社会的に注目され始めていたが，そうしたある種の社会情勢が執筆の直接の動機となったわけではない。

　本書の骨子をなす，製造業のサービス化，つまりものづくりとICTとの融合について，研究の着想を得たのは，2010年頃に遡る。当時，文部科学省の「サービス・イノベーション人材育成推進プログラム」のプロジェクトに参加し，ICTによるサービスのイネーブリング現象に関心を持ち，事例研究を始めた頃，「製造業のサービス化（servitization）」という言葉に出会ったことによる。同プロジェクトの事例研究の成果は，書籍『サービス・イノベーション──価値共創と新技術導入』（南知惠子・西岡健一著，有斐閣，2014年出版）にまとめたが，その執筆を通して，製造業企業がサービスを戦略化し，ソリューションを志向することを，本格的に掘り下げて研究したいという想いが強くなった。同時にこの研究分野は，欧州において，環境対応への規制が強いことから製造業のサービス化という経営現象への関心が高く，研究が進んでいることがわかっていた。そこで筆者たちは，European Operations Management Association（EurOMA：ヨーロッパ・オペレーションズ・マネジメント学会）の年次大会に毎年参加し，研究発表することでこの分野における研究動向を掴み，同時に日本における企業の動向を調査し始めた。本書には事例としては含めていないが，非常に多くのさまざまな製造業の企業において，サービス化がどのように進行しているのか，ボトルネックは何か，業界や企業に特化した技術や，生産体制，そしてICTがどのように影響を与えているのかについてデータを収集することにしたのである。

　一方で，欧州のservitization研究，米国でのservisizing研究の急速な蓄積と

比べ，日本では，企業の動向にもかかわらず，学界ではそれほど研究が蓄積されていないことにも注意を向けざるを得なかった。経営現象として，製造業のサービス化という現象が，IoTと結びつけて考えざるを得ない状況となってきたときに，IoTを解説したり，社会的に啓蒙するという目的ではなく，現段階での日本の企業動向について，製造業全体の傾向と，先端事例との両面においてデータ収集し，分析することを含め，ある段階での研究成果としてまとめ，日本の製造業が採るべき選択肢を世に問うてみたいという動機づけが高まった。

　こうした動機づけは研究動向だけでなく，筆者たちの研究・社会活動から得られた知見からも大きい。特に神戸大学大学院経営学研究科，同志社大学大学院ビジネス研究科等のMBAコースでの教育経験，さらには日本マーケティング協会関西支部開催のBtoBマーケティング研究会を通し，多くの経営者や実務家と話をする機会を得たが，こうした人たちの中で製造業のサービス化に対する関心が非常に高まっていることを感じた。と同時に日本ではこの分野の研究蓄積が少なく，こうした実務の方々が少ない情報に基づき手探りで取り組んでいることも分かった。私たちはこうした人たちに対して，製造業のサービス化について現在分かっている研究蓄積と理論を共有してもらうために，改めてIoTとものづくりに関連づけて，企画し，出版するという運びとなった。

　筆者２人は，西岡は，情報通信技術業界にいたというバックボーンを持ち，現在大学にて事業創生論を教えている。南は，BtoB領域やサービスを主として研究対象としているマーケティング分野の研究者であるが，２人とも生産管理，オペレーションズ・マネジメントの専門ではない。そこで，現在行っている製造業のサービス化という現象について，それぞれの専門分野からどのように捉えるべきか，ディスカッションを重ねた。南にとっては，特に2014年より参加している，内閣府が推進するSIP（戦略的イノベーション創造プログラム）の採択研究プロジェクト，「リアクティブ３Dプリンタによるテーラーメイドラバー製品の設計生産と社会経済的な価値共創に関する研究開発」（神戸大学大学院システム情報学研究科貝原俊也教授，工学研究科西野孝教授が推進責任者）を通じて，ドイツのインダストリー4.0およびスマート・ファクトリ，設

あとがき

計生産の革新について知り得たことが，本書を執筆する上で大きな背景知識となっている。

西岡にとっては，企業の研究開発部門に所属していた時の経験が大きい。そこで感じた先端の技術開発とその市場化の間にあるギャップを解決したいという気持ちが，研究者としての原点である。また研究開発部門において，さまざまな人たちの指導と実務機会によりICTに関する包括的な知見を得られたことがその研究の大きな知識背景となっている。さらに本書はそもそもこの世界に入る動機づけとなった役割，実務とアカデミアのブリッジ（橋）になると決めた時の初心に帰ることを念頭に執筆している。

本書の構成を考える上で，まず明らかにしておかなければいけなかったのは，製造業とサービス化戦略の関係である。実務家と話をしていて分かったことは，実は両者の関係について，きちんとした議論ができていないことである。さらにサービス化の意味である。同じ言葉を使っていても，その意味，想定している背景が異なって議論されている現状がある。本書でも指摘したようにIT業界と製造業の「ソリューション」の意味は異なる。このような製造業におけるサービス化戦略の背景と意味について明確に定義することが最初に行うべきステップであると認識した。これは実務だけでなく，アカデミアの領域でも同じことである。筆者らはシステマティックレビューを行い，こうした議論をまとめる作業を数年間行ってきた。なお執筆に際しては，本書の性格上，平易な表現に直してあるが，研究者や専門の教育を受けている学生にも十分役に立つ内容であると自負している。

さらに本書の特徴は，実証研究の非常に少ないこの研究領域において，日本の製造業を対象とした概念モデルの仮説検証を実施していることである。ここで驚いたのは，多くの回答企業から誠実な回答をいただき，回答いただけない場合でもその理由をきちんと説明して下さった企業が多かったことである。また本調査の報告書の送付を希望する企業も多かった。こうしたことはあらためて本研究の社会的需要の大きいことを示していると実感し，本書を執筆する上で大きな動機づけとなった。

199

さまざまな調査対象企業に対して調査を進める上で気が付いたのは，ICT業界と製造業が，従来の関係と異なり，両者が一体化する新たな時代が現われるという感覚である。それと同時に感じたのは，ICT業界と製造業では技術と市場に対する認識が異なることであり，そのことが「サービスを生産」することへのスタンスに大きな差があることである。本書の第4章以降はこの差が一体何であるかを明確にすること，今後どのようにその差を埋めていくことができるのか，ICTをベースに考えることで，新たな産業が発展する可能性を書いたつもりである。つまりこれからビジネスの世界で起こる変革は，特定業界で革新的な技術の出現で起こる「イノベーション」ではなく，広範囲の技術とそれをオペレーションする仕組みが組み合わさることで，今までにない価値が生み出されてくる「サービス・イノベーション」が起こること示している。そして本書ではこうしたアカデミアで得られた知見を実務的に実行できるようにするために，新しい時代における製造業のとるべきビジネスモデルと，アカデミアで得られた知見をどのように活用するべきか，そのインプリケーションを特に第7章および最終章に示している。これは決して机上の空論で終わらないように研究を重ねた結果である。

　これまで本研究を進めるに際し，たくさんの方々のお世話になった。ここにすべての方々のお名前を記すことはできないが，調査研究に快く応じ，情報提供をいただいた企業の方々，企業研修や研究会を通じてさまざまな意見交換をしていただいた方々，2012年度，2016年度実施のアンケート調査にご協力いただいた方々，SIPプロジェクトが契機となり，本研究にご協力をいただいた方々にあらためて感謝の意を述べたい。また，アンケート調査に関して，さまざまに煩雑な作業をサポートしてくれた，神戸大学大学院経営学研究科の研究助成室の皆さん，データ加工等研究補助をしてくれた学生達にも感謝している。

　最後に，本書の企画段階から趣旨に賛同し，快く出版を引き受けていただいた，中央経済社経営編集部の納見氏，酒井氏にお礼を申し上げたい。

　筆者たちは，研究というスタンスで，製造業のサービス化現象にアプローチしているが，ものづくり大国，そして同時にサービス化が進行するという，こ

あとがき

の日本国の環境の中で，本書が企業の方々にとって，次に進むべき道を照らす一助となることを切に願って本書をとじたい。

　平成29年8月　猛暑の大阪にて

西岡　健一
南　知惠子

索　引

■英　数

3Dプリンタ …………………… 15

AI ……………………………… 102

AI（の）ライブラリー ····· 127, 128, 172

API（Application Program Interface）
………………………………… 170

AR ……………………………… 171

CAPP（Computer Aided Process
Planning）システム …………… 130

CoPS …………………………… 17

ICTイネーブラー論 ……………… 88

ICTの高度化利用 ………………… 161

ICTの有効利用 ………………… 161

Integration（統合化）…………… 47

IoT（Internet of Things）……… 7, 121

IT-Artifact ………………… 106, 107

MR ……………………………… 171

MRO（maintenance, repair, and
operation：保守運営）型サービス
………………………………… 19

NC工作機械 …………………… 122

NLC（Natural Language Classifier）
………………………………… 171

PSS（Product Service Systems）
………………………… 39, 147

RRDM ………………………… 98

Services Supporting Clients' actions
（SSC）……………………… 33

Services Supporting Products（SSP）
………………………………… 33

Things ………………………… 167

VAF（間接効果が総効果に占める割合）
………………………………… 68

VOC（Voice of Customer）……… 152

VR ……………………………… 171

VRVシステム ………………… 145

Web連携技術 …………………… 170

■あ　行

アウトソーシング ……………… 53

アウトバウンド型 ……………… 139

アジャイル型サプライチェーン ····· 112

アドバンスト・サービス ……… 47

アニーリング ……………… 103, 124

アプリケーション・サービス …… 172

アルゴリズム …………………… 102

イネーブラー（活性化するもの）····· 12

インダストリアル・サービス ……… 18

インダストリー4.0（industrie 4.0）
……………………………… 6, 111

インタラクション・システム ……… 183

インバウンド型 ………………… 139

エージェント …………………… 105

エコシステム …………………… 97

オーバーシュート問題 …………… 8

カスタマイズ・ソリューション ……… 63

■か　行

価値創造システム ……………… 183

価値づくり ……………………… 9

価値提供 ………………………… 31

機械制御システム ……………… 115

技術的な調整 …………………… 63

技術の可視性 …………………… 104

基礎的なICT利用 ……………… 161

「基本的な」プラットフォームサービス
………………………………… 169

索　引

強化学習 ……………………… 123
教師付き学習 …………………… 124
組み合わせ最適解 ……………… 103
構造方程式モデリング手法 ……… 65
工程設計支援システム ………… 130
工程設計自動化 ………………… 132
顧客価値 ………………………… 49
顧客との関係性 ………………… 49
故障予測・予防保守 …………… 152
コモディティ化 ………………… 8
コンポーネント型サービス ……… 32

■さ　行

サービス・イノベーション ……… 184
サービス・パラドックス ………… 24
サービスAPI …………………… 170
サービスドミナントロジック …… 38
サービス分類 …………………… 32
サービタイゼーション ………… 10
最適化技術 ……………………… 97
サステナビリティ ……………… 39
シェアリング …………………… 44
使用における価値 ……………… 38
消費型サービス ………………… 32
自律的 ……………………… 97, 99
人工知能 ………………………… 102
深層学習（ディープラーニング）…… 102
垂直統合 ………………………… 53
水平方向の協働 ………………… 53
スマート・サービス …………… 98
スマート・ファクトリ ………… 111
製造業サービス特化型モデル …… 178
製造業のサービス化 …………… 10
製造業のソリューション（統合的ソ
　リューション）………………… 48
潜在変数 ………………………… 65
層化（レイヤー）した構造 ……… 167

ソリューション …………… 48, 50, 182
ソリューション提供 …………… 146

■た　行

第4次産業革命 ………………… 6
匠の技 …………………………… 129
データストレージ ……………… 169
データの管理 …………………… 174
データの帰属 …………………… 173
データの帰属先 ………………… 173
データの流通 …………………… 174
データマイニング ……………… 143
データマイニングソフト ……… 140
テクノロジーの増幅の法則 …… 195
統合化ソリューション ………… 47
共分散構造分析 ………………… 21

■な　行

内部化 …………………………… 53
ネットワーク機能 ……………… 167

■は　行

パフォーマンスベース・サービス
　………………………………… 39, 146
半製造型サービス ……………… 32
ヒートポンプ …………………… 145
ビジネスのサービス化 ………… 24
ビジネスプロセスの統合化 …… 64
ビジネスモデルの分類 ………… 175
ビジュアライズ性 ……………… 97
ビッグデータ …………………… 101
フィールドサービス …………… 52
プラットフォーム型モデル …… 177
プラットフォーム機能 …… 169, 170
プロダクト・サービス・システム … 10
包括的垂直統合型モデル ……… 177

203

■ま 行

マスカスタマイゼーション ········· 112
ものづくり ····························· 9

■や 行

用具的サービス ······················ 32
予防的学習 ························· 126

■ら 行

ライブラリー ························· 128
リアルタイム性 ················· 97, 99
リソース革命 ·························· 7
量子コンピュータ ················· 103
ロングテール戦略 ················· 140

著者紹介

西岡　健一（にしおか　けんいち）

関西大学商学部　教授（専攻：サービス・マネジメント論，事業創生論）

PhD（エジンバラ大学）

東京理科大学大学院工学研究科修士課程，神戸大学大学院経営学研究科専門職学位課程，エジンバラ大学ビジネススクール博士課程修了。

日本電信電話株式会社ネットワークサービスシステム研究所，西日本電信電話株式会社を経て，2009年に関西大学商学部に着任。

主要著作：『サービス・イノベーション』（南知惠子との共著）有斐閣，2014年。

南　知惠子（みなみ　ちえこ）

神戸大学大学院経営学研究科長・経営学部長，教授（専攻：マーケティング論）

博士（商学）（神戸大学）

ミシガン州立大学大学院コミュニケーション研究科修士課程，神戸大学大学院経営学研究科博士課程前期課程修了，同研究科博士後期課程退学。

横浜市立大学商学部助教授等を経て，現職。

主要著作：『ギフト・マーケティング』千倉書房，1998年（日本商業学会学会賞奨励賞受賞）。

『リレーションシップ・マーケティング』千倉書房，2005年。

『顧客リレーションシップ戦略』有斐閣，2006年。

『生産財マーケティング』（高嶋克義との共著）有斐閣，2006年。

『サービス・イノベーション』（西岡健一との共著）有斐閣，2014年。

「製造業のサービス化」戦略

2017年11月1日　第1版第1刷発行
2021年5月10日　第1版第3刷発行

著　者　西　岡　健　一
　　　　南　　知　恵　子
発行者　山　本　　　継
発行所　㈱中央経済社
発売元　㈱中央経済グループ
　　　　パブリッシング

〒101-0051　東京都千代田区神田神保町1-31-2
電話　03 (3293) 3371 (編集代表)
　　　03 (3293) 3381 (営業代表)
https://www.chuokeizai.co.jp

© 2017
Printed in Japan

印刷／三英印刷㈱
製本／㈲井上製本所

＊頁の「欠落」や「順序違い」などがありましたらお取り替えいた
しますので発売元までご送付ください。(送料小社負担)
ISBN978-4-502-24141-3　C3034

JCOPY 〈出版者著作権管理機構委託出版物〉本書を無断で複写複製 (コピー) することは,
著作権法上の例外を除き,禁じられています。本書をコピーされる場合は事前に出版者著
作権管理機構 (JCOPY) の許諾を受けてください。
　JCOPY 〈http://www.jcopy.or.jp　eメール：info@jcopy.or.jp〉